练声专用

李俊文 肖云际 ● 编著

语音 发声 表达
YUYIN FASHENG BIAODA (DI-ER BAN)

第二版

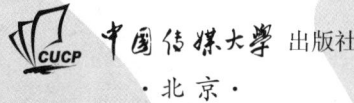

中国传媒大学 出版社

·北京·

第二版修订说明

本书自2015年5月出版以来,得到了广大读者朋友的认可与鼓励,很多高等院校和有声语言艺术培训机构将本书选用为晨练指定教材。在使用过程中,根据一些读者提出的建设性反馈信息及专业授课教师教学实践体会,本书进行了以下两个方面的修订。

一是完善理论体系。结合近年来日新月异的专业理论发展态势,本书对一些理论知识点进行了细化梳理,使之在原有基础上更加系统与精练。

二是优化练习材料。本书对示例讲解及训练材料进行了大幅度的调整,新增了大量经典作品及近年来涌现的文学佳作,更新了很多时效性强的新闻练习稿件,更有利于读者的练习提高。

虽竭力修订,难免挂一漏万,不当之处恳请读者朋友予以批评斧正,使得本书修订得更加完善。

李俊文　肖云际

2020 年 9 月

目　录

第一章　普通话语音 /1
第一节　声母——字音准确的基础　/1
第二节　韵母——字音响亮的关键　/23
第三节　声调——字音抑扬的核心　/66
第四节　语流音变——语言流动的表征/75

第二章　播音发声 / 89
第一节　呼吸控制练习　/ 89
第二节　口腔控制练习　/ 104
第三节　喉部控制练习　/ 117
第四节　共鸣控制练习　/ 121
第五节　声音弹性练习　/ 133
第六节　情、声、气结合练习　/ 139

第三章　语言表达技巧　/ 146
第一节　备稿　/ 147
第二节　内部技巧　/ 157
第三节　外部技巧　/ 189

第四章　新闻播音练习　/ 242
第一节　理论提示　/ 242
第二节　实例练习　/ 248

附1　容易读错的字　/ 311
附2　绕口令、贯口词练习　/ 326

主要参考书目　/ 353

后　记　/ 355

第一章　普通话语音

汉语普通话是指以北京语音为标准音,以北方话为基础方言,以典范的现代白话文著作为语法规范的现代汉民族共同语,是我国的通用语言。播音员主持人必须使用标准、规范的普通话。

普通话语音具体学习内容包括声母、韵母、声调及语流音变四个方面。

第一节　声母——字音准确的基础

声母是指一个汉字音节开头的辅音,也叫"字头"。没有辅音声母的音节叫作零声母音节。普通话有 21 个声母,按照发音部位分为双唇音、唇齿音、舌尖中音、舌面音、舌根音、舌尖前音和舌尖后音七个部位。

一、双唇音 b、p、m

b

发音提示：双唇闭拢,阻塞气流,软腭上升,关闭鼻腔通道。除阻时突然松开双唇,气流爆破成音,注意双唇成阻位置需在双唇中部,不要裹唇。

巴　白　半　邦　包　北　并
别　笔　边　病　博　步　哺
八宝　蚌埠　保本　半壁　帮办
棒冰　包庇　宝贝　刨冰　本部
八拜之交　百步穿杨　斑驳陆离
半壁江山　不卑不亢　表白心迹
博采众长　悲欢离合　不共戴天

p

发音提示：发音部位与方法和 b 基本一致,除阻时气流稍强。

爬 徘 攀 庞 抛 胚 喷
彭 疲 翩 瞥 凭 剖 葡
乒乓 澎湃 批评 匹配 偏旁
频谱 品评 破皮 婆婆 琵琶
排山倒海 盘根错节 抛头露面
旁观者清 蓬头垢面 披荆斩棘
疲于奔命 平地楼台 迫不及待

m

发音提示：发音时声带颤动，成阻时双唇闭拢，气流由鼻腔通过。除阻时软腭下垂，鼻腔通道打开，舌头自然放平，形成鼻音。

妈 霾 茂 门 满 米 名
冕 秒 敏 谬 某 幕 魔
谩骂 民盟 门楣 埋名 买卖
麦苗 盲目 眉毛 美妙 蒙昧
马不停蹄 满满当当 买椟还珠
瞒天过海 盲人摸象 毛遂自荐
美不胜收 闷声闷气 弥天大谎

绕口令：

八百标兵奔北坡，
炮兵并排北边跑。
炮兵怕把标兵碰，
标兵怕碰炮兵炮。
炮兵攻打八面坡，
炮兵排排炮弹齐发射。
步兵逼近八面坡，
歼敌八千八百八十多。

一座棚傍峭壁旁，
峰边喷泻瀑布长。
不怕暴雨瓢泼冰雹落，
不怕寒风扑面雪飘扬，
并排分班翻山攀坡把宝找，
聚宝盆里松柏飘香百宝藏。
背宝奔跑报矿炮劈火，
篇篇捷报飞伴金凤凰。

白猫手里有一顶白帽，

白兔手中有一把白毛。
白猫想拿手里的白帽,
去换白兔手中的白毛。
白兔不愿拿手中的白毛,
去换白猫手里的白帽。

二、唇齿音 f

f

发音提示: 发音时上门齿和下唇内缘接近,形成窄缝,除阻时气流均匀从窄缝透出,摩擦成音。要自然接触,避免力度过大,产生杂音。

罚 帆 繁 方 仿 肥 飞
丰 佛 赴 冯 否 狒 凤
发奋 佛法 芬芳 防腐 非分
反复 繁复 犯法 芳菲 蜂房
返璞归真 方兴未艾 防患未然
放浪形骸 飞黄腾达 分道扬镳

风尘仆仆 反复无常 飞沙走石

绕口令：

分水岭边分水桥，

分水桥边分水岭。

分水岭分水不分桥，

分水桥分水不分岭。

分水桥是分水桥，

分水岭是分水岭。

粉红女发奋缝飞凤，

女粉红反缝方法繁。

飞凤仿佛发放芬芳，

方法非凡反复防范。

反缝方法仿佛飞凤，

反复翻缝飞凤奋飞。

化肥会挥发，

黑化肥发灰，

灰化肥发黑。

黑化肥发灰会挥发，

灰化肥挥发会发黑。
黑化肥挥发发灰会花飞,
灰化肥挥发发黑会飞花。

三、舌尖中音 d、t、n、l

d

发音提示:发音时舌尖抵住上齿龈,关闭鼻腔通道。除阻时气流冲破阻碍爆发成音,注意舌尖的力度与弹卷力。

答　带　丹　党　刀　邓　嫡
颠　雕　爹　鼎　东　斗　赌
搭档　带动　当代　到达　导弹
抵挡　得到　登顶　低调　吊灯
大吹大擂　单枪匹马　党同伐异
荡气回肠　道听途说　灯红酒绿
点石成金　低三下四　地大物博

t

发音提示:发音部位与方法和 d 基本

一致,除阻时气流稍强。

他 台 谭 叹 糖 烫 讨
疼 踢 填 蜕 霆 通 投
塔台 抬头 贪图 逃脱 天坛
疼痛 涂炭 推脱 颓唐 吞吐
太平天国 弹冠相庆 糖衣炮弹
韬光养晦 腾云驾雾 天翻地覆
铁证如山 听天由命 同仇敌忾

n

发音提示:成阻时舌尖抵住上齿龈,除阻时软腭下垂,打开鼻腔通道,使气流从鼻腔透出,声带颤动。

拿 奶 男 内 拟 年 捏
农 怒 糯 您 能 娘 脑
难弄 奶奶 泥淖 袅娜 牛腩
扭捏 农奴 能耐 男女 南宁
喃喃自语 难能可贵 恼羞成怒
泥牛入海 年富力强 念念有词

浓墨重彩 弄巧成拙 怒形于色

发音提示:发音时,舌尖抵住上齿龈成阻,位置比 n 稍靠后,声带颤动,软腭上抬,气息由舌的两边流出。

啦 岚 廊 老 累 冷 礼
梁 廖 列 邻 栾 吕 楼
拉力 来临 拦路 劳累 力量
理论 来历 料理 玲珑 榴梿
来龙去脉 滥竽充数 狼狈为奸
牢不可破 冷眼旁观 理直气壮
两面三刀 量力而行 灵丹妙药

绕口令:
调到敌岛打特盗,
特盗太刁投短刀。
挡推顶打短刀掉,
踏盗得刀盗打倒。

大刀对单刀,

单刀对大刀。

大刀斗单刀,

单刀夺大刀。

大刀单刀对对刀,

单刀大刀刀刀对。

对对刀斗刀刀对,

刀刀对夺对对刀。

老龙恼怒闹老农,

老农恼怒闹老龙。

农怒龙恼农更怒,

龙恼农怒龙怕农。

四、舌面音 j、q、x

j

发音提示:成阻时舌面前部抵住硬腭前部,除阻时软腭上升,气流从中挤出摩擦成音。值得注意的是,j、q 同为塞擦音,在除阻时不能突然打开,而是要使气流从舌面和硬腭前部的窄缝缓缓透出。

机 忌 加 姐 健 蒋 窘
金 靳 军 旌 酒 局 娟
积极 急剧 加紧 焦急 解决
即将 鸡精 佳绩 监禁 借鉴
鸡犬升天 家家户户 假公济私
价值规律 兼容并蓄 见所未见
江河日下 炯炯有神 戒骄戒躁

q

发音提示：发音部位与方法和 j 基本一致，除阻时气流稍多稍强，舌面较为放松。

妻 祈 气 迁 潜 墙 桥
琴 晴 秋 泉 缺 裙 去
气球 蹊跷 请求 气枪 亲切
亲戚 倾情 轻巧 取巧 全权
欺软怕硬 其貌不扬 千锤百炼
前功尽弃 黔驴技穷 枪林弹雨

强词夺理 巧取豪夺 轻歌曼舞

x

发音提示: 舌面前部接近硬腭前部,形成一道窄缝,气流从窄缝间透出,摩擦成音。

夕 夏 贤 向 筱 鞋 泻
熊 绣 旭 悬 勋 校 雪
形象 习性 遐想 闲暇 现象
相信 谐谑 谢谢 心绪 修行
息事宁人 熙熙攘攘 喜新厌旧
下里巴人 先礼后兵 降龙伏虎
逍遥法外 小家碧玉 歇斯底里

绕口令:

田建贤前天从前线回到家乡田家店,

只见家乡变化万千,

繁荣景象出现在眼前。

连绵不断的青山,

一望无边的棉田,

新房连成一片,
高压电线通向天边。

七巷一个漆匠,西巷一个锡匠。
七巷漆匠偷了西巷锡匠的锡,
西巷锡匠拿了七巷漆匠的漆。
七巷漆匠气西巷锡匠用了漆,
西巷锡匠讥七巷漆匠拿了锡。

七加一,再减一,加完减完等于几?
七加一,再减一,加完减完还是七。

五、舌根音 g、k、h

g

发音提示: 成阻时舌根抵住软腭,除阻时气流冲破阻碍,爆发成音。注意舌根位置要有意识地前移,即"后音前发"。

观　改　干　港　稿　跟　梗
谷　寡　乖　归　管　溉　广
干戈　杠杆　钢轨　哥哥　公告

公关 沟谷 骨骼 瓜葛 观光
概莫能外 感激涕零 刚愎自用
纲举目张 高等学校 高高在上
歌功颂德 革故鼎新 各自为政

k

发音提示：发音部位与方法和 g 基本一致，除阻时气流稍强。

卡 凯 看 靠 颗 恳 空
酷 跨 款 筐 奎 阔 渴
开阔 坎坷 宽阔 亏空 可靠
困苦 窥看 慷慨 开垦 空旷
开门见山 刻不容缓 坑坑洼洼
空中楼阁 夸夸其谈 空空如也
康庄大道 可歌可泣 空前绝后

h

发音提示：舌根抬起，接近软腭，形成窄缝。气流从窄缝间透出，摩擦成音。

哈 海 害 酣 杭 浩 何

狠 虹 吼 湖 华 缓 慌
辉煌 含恨 呼喊 航海 豪华
好汉 合伙 恒河 挥霍 欢呼
海阔天空 寒冬腊月 挥汗如雨
旱涝保收 航空母舰 好自为之
横眉怒目 鸿篇巨制 后顾之忧

绕口令：

哥挎瓜筐过宽沟,赶快过沟看怪狗。
光看怪狗瓜筐扣,瓜滚筐空哥怪狗。

鼓上画只虎,破了拿布补。
不知布补鼓,还是布补虎。

苦读古书懂古通古熟古,
不苦读古书不懂古不通古糊涂古。
要懂古通古不糊涂,
就得苦读古书熟悉古。

六、舌尖前音 z、c、s

z

发音提示：成阻时舌尖平伸抵住上齿背,除阻时舌尖与上齿龈逐渐放松,气流从窄缝擦出。注意成阻面一定要小而且集中,以避免声音浑浊。

咂 在 暂 早 贼 增 钻
走 嘴 总 祖 遭 自 邹
栽赃 再则 咂嘴 遭罪 造作
藏族 宗族 自尊 最早 总则
杂乱无章 赞不绝口 责无旁贷
罪魁祸首 自作自受 孜孜不倦
座无虚席 自惭形秽 纵横捭阖

c

发音提示：发音部位与方法和 z 基本一致,除阻时气流稍强。

菜 曹 餐 灿 策 涔 刺
脆 挫 搓 寸 蹭 采 仓

猜测　苍翠　草丛　层次　措辞
从此　匆匆　粗糙　催促　璀璨
策马扬鞭　才疏学浅　残垣断壁
层出不穷　此起彼伏　从长计议
摧眉折腰　错综复杂　草草了事

s

发音提示：舌尖平伸，接近上齿背，气流从舌尖与上齿背之间的窄缝中均匀地透出，摩擦成音。

洒　赛　伞　桑　骚　速　森
搜　算　虽　孙　缩　四　苏
速算　瑟缩　色素　僧俗　四散
松散　诉讼　随手　送死　思索
扫地出门　司空见惯　死心塌地
素昧平生　损人利己　所向无敌
丝丝入扣　随声附和　四通八达

绕口令：

镇江路，镇江醋，镇江名醋出此处。

买错出处买错醋,错买名醋味儿不足。

操场前面有三十三棵桑树,
操场后面有四十四棵枣树。
张三把三十三棵桑树认作四十四棵枣树,
赵四把四十四棵枣树认作三十三棵桑树。

四十四个字和词,
组成一首子词丝的绕口词。
桃子、李子、梨子、栗子、橘子、柿子、槟子、榛子,
栽满院子、村子和寨子;
刀子、斧子、锯子、凿子、锤子、刨子、尺子,
做出桌子、椅子和箱子;
名词、动词、数词、量词、代词、副词、助词、连词,

造成语词、诗词和唱词;

蚕丝、生丝、熟丝、缫丝、染丝、晒丝、纺丝、织丝,

自制粗丝、细丝、人造丝。

七、舌尖后音 zh、ch、sh、r

zh

发音提示:成阻时,舌尖卷起并后移与硬腭前部接触形成阻碍;除阻时,舌尖缓缓离开,气流从窄缝中透出,摩擦成音。

炸 摘 斩 张 赵 者 镇
指 钟 州 诸 抓 窄 赚
扎针 抓住 债主 辗转 战争
招致 褶皱 珍珠 真挚 征战
沾沾自喜 掌上明珠 招兵买马
照本宣科 针锋相对 振振有词
蒸蒸日上 支离破碎 纸醉金迷

ch

发音提示：发音部位与方法和 zh 基本一致，除阻时气流稍强。

茶 馋 产 唱 超 车 臣
衬 橙 吃 炽 崇 宠 出
叉车 查处 铲除 长城 撤出
宠臣 城池 驰骋 冲程 抽查
差强人意 姹紫嫣红 柴米油盐
车水马龙 沉鱼落雁 趁热打铁
成人之美 赤手空拳 重蹈覆辙

sh

发音提示：舌尖后部抬起接近硬腭前部，保持一条窄缝，气流从窄缝中透出，摩擦成音。

莎 珊 晒 烧 闪 尚 舒
深 沈 升 十 史 收 婶
闪失 伤势 受审 少数 手术
设施 身世 审慎 生疏 盛世

煞费苦心 山盟海誓 煽风点火
善始善终 少年老成 舍生取义
设身处地 神不守舍 失之交臂

r

发音提示:发音部位与方法和 sh 相似,但摩擦感比 sh 稍弱,同时声带颤动,气流带音。

冉　让　饶　热　忍　扔　蓉
冗　肉　儒　阮　睿　弱　人
闰日　荏苒　如若　仍然　荣辱
容忍　柔弱　软弱　柔韧　忍让
燃眉之急　惹是生非　弱肉强食
仁人志士　如坐针毡　入木三分
软硬兼施　若隐若现　如箭在弦

绕口令:

史老师讲时事,常学时事长知识。
时事学习看报纸,报纸登的是时事。
常看报纸要多思,心里装着天下事。

栀子花香桂花直,贵妃沐浴石岸湿。
历史风云卷书志,中华大地写新诗。
池水清清映红日,枝头石榴笑红柿。
石狮回头望东南,思乡泪下毛发湿。

三山撑四水,四水绕三山,
三山四水春常在,四水三山四时春。

八、零声母音节发音练习

零声母音节在发音时由于没有辅音声母,实际发音时需略带轻微摩擦,用喉塞音或喉擦音形成间隙,摩擦成音,提高语音的准确度。

开口呼零声母

昂昂 恩爱 阿姨 挨饿 而已 耳闻
安慰 阿谀 恶意 厄运 恩怨 偶尔
昂扬 鳄鱼 安稳 熬夜 暗暗 哀怨

齐齿呼零声母

谚语 沿岸 游泳 友谊 医药 遗忘

抑扬 洋溢 演义 夜晚 音乐 业余
要隘 银耳 演员 烟雾 夜莺 一样

合口呼零声母

娃娃 晚安 文艺 婉约 忘我 委员
无畏 乌鸦 委婉 慰问 微微 无为
伟岸 巍峨 外语 威严 无疑 谓语

撮口呼零声母

预约 玉宇 语言 逾越 寓意 余韵
郁郁 预言 鱼鹰 永远 云涌 余额
孕育 悦耳 踊跃 云雾 鱼饵 欲望

第二节 韵母——字音响亮的关键

汉语音节中声母以后的部分叫作韵母。韵母是字音圆润、响亮的关键,按语音结构可分为单元音韵母、复元音韵母和鼻韵母三类,按韵母开头元音的唇形特点又可分为开口呼、齐齿呼、合口呼和撮口呼四类。①

一、单元音韵母发音练习

a

发音提示: 口腔打开(半打哈欠状),舌尖轻抵下齿背,舌中部偏后稍稍隆起,放松下巴。

啊 吧 啪 马 法 达 它

哪 啦 洒 咖 哈 擦 炸

大厦 大妈 爸爸 奔拉 拉萨

沙发 蚂蚱 麻辣 马达 蛤蟆

八面威风 马不停蹄 澳大利亚

---

① 开口呼:韵母不是i、u、ü和不以i、u、ü起头的韵母属于开口呼;齐齿呼:i或以i起头的韵母属于齐齿呼;合口呼:u或以u起头的韵母属于合口呼;撮口呼:ü或以ü起头的韵母属于撮口呼。引自黄伯荣,廖序东.现代汉语[M].4版.北京:高等教育出版社,1991:51-52.

大有作为 茶余饭后 跋山涉水

绕口令:

张大妈,夏大妈,你看咱们的好庄稼,

高的是玉米,矮的是芝麻,

开黄花紫花的是棉花,圆溜溜的是西瓜,

谷穗长得像镰把,勾着想把地压塌。

张大妈,夏大妈,边看边乐笑哈哈。

o

发音提示:口腔半开,舌体后缩,舌面后部向软腭隆起,整个口腔呈圆柱状,音波由口腔送出,注意嘴唇不要往外撮。

博 馞 驳 簸 坡 婆 波
破 馍 摸 陌 勃 播 佛
伯伯 磨破 泼墨 破墨 菠萝
薄膜 默默 磨墨 婆婆 破获
拨乱反正 博古通今 波澜壮阔
迫在眉睫 破釜沉舟 莫名其妙

绕口令:

老伯伯卖墨,老婆婆卖馍,

老婆婆卖馍买墨,老伯伯卖墨买馍。

墨换馍老伯伯有馍,馍换墨老婆婆有墨。

e

发音提示: 在发 o 的基础上,嘴唇稍向两边微展开便为 e 音,但舌位比 o 略高。

饿　鹅　得　哥　册　车　乐
渴　则　舌　河　这　热　涩
割舍　隔阂　合格　特色　社科
舍得　客车　菏泽　哥哥　歌德
可口可乐　可歌可泣　克己奉公
隔岸观火　刻骨铭心　何去何从

绕口令:

坡上立着一只鹅,坡下就是一条河。宽宽的河,肥肥的鹅,鹅要过河,河要渡鹅。不知是鹅过河,还是河渡鹅。

i

发音提示：口腔开度较小，舌尖前伸下垂轻抵下齿背，舌面抬升接近硬腭，舌位偏前，嘴角展开。发音时口腔打开些，即"窄音宽发"。

笔 皮 衣 洗 琪 踢 倪
莉 姨 漆 西 批 起 拟
笔记 积极 激励 奇迹 吉利
集体 气体 提议 力气 霹雳
毕恭毕敬 一技之长 急中生智
避重就轻 比比皆是 疾言厉色

绕口令：

李子树上嫁接梨，梨树上面嫁接李，
说李有梨味，说梨有李味，
弟弟吃了笑眯眯，分不清是李还是梨。

u

发音提示：舌头后缩，舌面后部上升接近软腭，双唇收拢呈圆形并稍向前突。

补 醋 独 赌 入 俘 腐
副 辜 诸 幕 服 谷 束
补助 部署 粗布 读书 赌徒
粗鲁 鼓舞 目录 户主 侮辱
呼风唤雨 图谋不轨 孤军奋战
路不拾遗 如鱼得水 枯木逢春

绕口令：

北风吹落路边树，小陆上前把树护，
一根大杆路边竖，一条绳子拴捆住。
树有木杆作支柱，木杆支树树稳固。

ü

发音提示： 舌尖抵住下齿背，舌叶微隆起接近硬腭前端。成音过程与 i 相似，只是双唇聚拢呈圆状，并稍向前突。

吕 局 曲 徐 语 剧 取
郁 菊 絮 域 迂 屈 炬
女婿 曲剧 须臾 序曲 豫剧
徐徐 寓居 区域 旅居 玉宇

栩栩如生 嘘寒问暖 绿色通道
女娲补天 屡教不改 屈指可数

绕口令：

老徐和老许，二人看曲剧，
曲剧观众多，剧场无虚席。
曲剧确有趣，娱乐受教育，
曲剧群众喜，群众喜曲剧。

-i(前)

发音提示： 与 z、c、s 相拼。与 i 音不同的是发音时嘴角微闭。

梓 字 姿 词 刺 此 子
四 斯 饲 私 赐 滋 渍
私自 恣肆 此次 次子 自私
字词 子嗣 刺字 四次 自此
孜孜不倦 丝丝入扣 似是而非
资不抵债 词不达意 司空见惯

绕口令：

一个大嫂子，一个大小子。

大嫂子跟大小子比包饺子,

看是大嫂子包的饺子好,

还是大小子包的饺子好,

再看大嫂子包的饺子少,

还是大小子包的饺子少。

大嫂子包的饺子又大又好又不少,

大小子包的饺子小又少又不好。

-i(后)

发音提示: 与 zh、ch、sh、r 相拼。与 i 音不同的是发音时嘴角微展开。

指　尺　志　旨　吃　驰　赤

耻　时　事　史　痴　滞　炽

实质　迟滞　誓师　志士　市尺

支持　实施　智齿　史诗　制止

实事求是　咫尺天涯　持之以恒

之乎者也　赤手空拳　恃才傲物

绕口令:

知之为知之,不知为不知,

不以不知为知之,不以知之为不知,
唯此才能求真知。

ê

发音提示:口腔半开,双唇展开,舌尖抵住下齿背,舌位前半低,嘴角展开,音波由口腔送出。

欸 夜 月 略 雀 歇 卸
穴 雪 谑 贴 学 届 偓
约略 血液 贴切 雀跃 谢谢
谐谑 谢绝 越野 鞋靴 决绝
绝处逢生 风花雪月 约法三章
卸磨杀驴 越俎代庖 跃跃欲试

绕口令:

杰杰和姐姐,花园里面捉蝴蝶。

杰杰去捉花中蝶,姐姐去捉叶上蝶。

er

发音提示:口腔半开,舌尖向上卷起,对着硬腭,发音时声带颤动。

二 而 尔 贰 饵 迩 洱
二手 儿化 儿科 而后 儿女
儿媳 儿时 儿童 而立 儿郎
耳鬓厮磨 尔虞我诈 耳提面命
耳濡目染 耳听八方 儿女情长

绕口令:

要说"尔"专说"尔":马尔代夫、喀布尔、阿尔巴尼亚、扎伊尔、卡塔尔、尼泊尔、贝尔格莱德、安道尔、萨尔瓦多、伯尔尼、利伯维尔、班珠尔、厄瓜多尔、塞舌尔、哈密尔顿、尼日尔、圣皮埃尔、巴斯特尔、塞内加尔的达喀尔、阿尔及利亚的阿尔及尔。

二、复元音韵母发音练习

ai

发音提示: 发音时受 i 的影响,a 处于比较靠前的位置(即前 a),声音清晰响亮,舌位逐渐向 i 的方向滑动上升、口腔渐闭。

白 排 摆 拜 开 还 来

麦 晒 摘 再 奶 赛 呆
买卖 白菜 摆开 拍卖 海带
开赛 采摘 爱戴 折台 带来
拍手称快 开诚布公 哀鸿遍野
来日方长 海阔天空 塞翁失马

绕口令：

买白菜，搭海带，不买海带就别买大白菜。
买卖改，不搭卖，不买海带也能买到大白菜。

ei

发音提示： 发音由 ê 开始，舌尖抵下齿龈，舌位向 i 的方向逐渐滑动升高，唇形略有闭合。

沛 碑 霏 肥 费 黑 雷
累 内 枚 贝 佩 贼 非
配备 北美 妹妹 蓓蕾 狒狒
肥美 飞贼 非得 黑妹 贝类
悲欢离合 费尽心机 背道而驰
飞沙走石 飞扬跋扈 废寝忘食

绕口令：

贝贝飞纸飞机，菲菲要贝贝的纸飞机，

贝贝不给菲菲自己的纸飞机，

贝贝教菲菲自己做能飞的纸飞机。

ao

发音提示：发音时受 o 的影响，a 处于比较靠后的位置（即后 a）。舌位由 a 向 o 滑动升高，唇形逐渐拢圆，接近 u 的唇形。

早　毛　桃　刀　抱　高　赵

考　祷　捞　闹　豪　超　澡

讨好　懊恼　淘宝　爆炒　冒号

犒劳　号啕　号召　烧烤　骚扰

草草了事　报仇雪恨　草木皆兵

逃之夭夭　老态龙钟　道貌岸然

绕口令：

高高山上有座庙，庙里住着俩老道，

一个年纪老，一个年纪小。

庙前长着许多草药，

有时候老老道煮药,小老道采药;
有时候小老道煮药,老老道采药。

ou

发音提示:发音时 o 的舌位略高略前,舌位逐渐向 u 的方向上升后移,唇形逐渐拢圆。

逗　偷　愁　狗　后　周　走
抖　肘　抽　收　臭　轴　楼
绸缪　售后　丑陋　瘦肉　收走
豆蔻　叩首　走漏　收购　欧洲
踌躇满志　厚古薄今　口说无凭
守口如瓶　愁眉不展　走投无路

绕口令:

兜里装豆,豆装满兜,兜破漏豆。
倒出豆,补破兜,补好兜,
又装豆,装满兜,不漏豆。

ia

发音提示:舌位由前高元音 i 的位置

逐渐下降后移,至央 a 为止,口腔由闭到开。

家　爹　霞　掐　假　雅　下
恰　甲　瑕　瞎　嘉　夏　嫁
假牙　恰恰　加价　下家　下嫁
加压　压价　压下　下辖　家家
恰如其分　嫁祸于人　价值连城
家喻户晓　狭路相逢　掐头去尾

绕口令:

天上飘着一片霞,水上飘着一群鸭。

霞是五彩霞,鸭是麻花鸭。

麻花鸭游进五彩霞,五彩霞挽住麻花鸭。

乐坏了鸭,拍碎了霞,分不清是鸭还是霞。

ie

发音提示: 舌位由前高元音 i 的位置逐渐下降后移,至 ê 为止。

接　届　杰　裂　铁　鞋　些

聂 切 劣 且 憋 别 瞥
姐姐 贴切 结业 斜街 爹爹
结界 趔趄 谢谢 铁屑 结节
喋喋不休 铁面无私 别出心裁
叶公好龙 锲而不舍 且歌且行

绕口令:

姐姐借刀切茄子,

去把儿去叶儿斜切丝,切好茄子烧茄子,炒茄子,蒸茄子,

还有一碗焖茄子。

ua

发音提示: 舌位由后高位置的 u 渐降前移至央 a,唇形由圆逐渐展开。

跨 瓜 桦 抓 挖 瓦 耍
划 袜 卦 话 花 滑 娃
花袜 画画 耍滑 刮花 刷瓜
画娃 娃娃 耍耍 花褂 挂画
画龙点睛 哗众取宠 华而不实

瓜田李下 花好月圆 抓耳挠腮

绕口令：

金瓜瓜银瓜瓜，村里瓜棚结瓜瓜；

瓜瓜落下来，打着小娃娃；

娃娃急得叫妈妈，妈妈急得抱娃娃；

娃娃怪瓜瓜，瓜瓜笑娃娃。

uo

发音提示：舌位由后高位置的 u 渐降，前移至 o 的舌位，唇形始终为圆唇。舌位动程很短，发音时一定要体现出来。

堕 过 火 捉 锅 做 多

骆 国 硕 罗 托 阔 锁

做作 蹉跎 懦弱 错落 坐落

哆嗦 错过 国货 做过 阔绰

缩手缩脚 国色天香 络绎不绝

若无其事 多多益善 绰绰有余

绕口令：

坡上长菠萝，坡下玩陀螺。

坡上掉菠萝,菠萝砸陀螺。

砸破陀螺补陀螺,顶破菠萝剥菠萝。

üe

发音提示:舌位由前高位置的ü渐降,后移至ê为止,唇形由圆逐渐展开。

决 月 雀 学 略 阅 薛
缺 倔 掠 虐 雪 约 越
略略 雀跃 学业 雪月 月缺
约略 学姐 绝学 血液 跃跃
却之不恭 绝无仅有 血气方刚
学以致用 绝处逢生 跃跃欲试

绕口令:

真绝,真绝,真叫绝,皓月当空下大雪,麻雀游泳不飞跃,鹊巢鸠占鹊喜悦。

iao

发音提示:在ao音基础上添加由i到a的动程,舌位先降后升,唇形由扁平至展开再到圆唇。

小 角 桥 苗 挑 巧 教
咬 潇 料 辽 敲 刁 腰
小庙 吊销 调料 吊桥 脚镣
娇小 萧条 叫嚣 疗效 缥缈
窈窕淑女 焦头烂额 脚踏实地
调兵遣将 交头接耳 咬文嚼字

绕口令:

水上漂着一只表,表上落着一只鸟。鸟看表,表瞪鸟,

鸟不认识表,表也不认识鸟。

iou

发音提示: 在 ou 音基础上添加由 i 到 o 的动程,舌位由前至央再到后,先降后升,幅度不大,唇形由扁平逐渐拢圆。实际拼写时简化为 iu,但发音时不能减弱韵腹 o。

酒 友 游 流 油 又 有
邱 绣 舅 九 袤 杇 优

久留　妞妞　旧友　琉球　舅舅
悠久　求救　牛油　悠悠　秋游
有口皆碑　袖手旁观　流芳百世
咎由自取　救死扶伤　求同存异

绕口令：

一葫芦酒，九两六；

一葫芦油，六两九。

六两九的油，要换九两六的酒，

九两六的酒，不换六两九的油。

uai

发音提示： 在 ai 音基础上添加由 u 到 a 的动程，舌位由后至央再到前，先降后升，幅度较大，唇形由圆至展再到扁平。

乖　拐　快　淮　摔　怪　歪
帅　甩　揣　拽　怀　坏　筷
怀揣　摔坏　外快　乖乖　外踝
踹坏　甩坏　歪歪　快拽　拽坏
怪模怪样　怀才不遇　快人快语

脍炙人口 快马加鞭 拐弯抹角

绕口令：

槐树歪歪，坐个乖乖，

乖乖用手，摔了老酒，

酒瓶摔坏，奶奶不怪，

怀抱乖乖，出外买买。

uei

发音提示：在 ei 音基础上添加由 u 到 e 的动程，舌位由后至央再到前，先降后升，幅度较小，唇形由圆至微展再到扁平。实际拼写时简化为 ui，但发音时不能简化韵腹 e。

未　威　退　归　慧　追　喂
醉　遂　愧　巍　悔　垂　辉
追尾　翠微　归队　回归　汇兑
回味　水位　推诿　荟萃　醉鬼
摧枯拉朽　绘声绘色　推陈出新
微乎其微　娓娓道来　威武不屈

绕口令：

嘴说腿，腿说嘴，

嘴说腿爱跑腿，腿说嘴爱卖嘴。

光动嘴不动腿不如不长腿，

光动腿不动嘴不如不张嘴。

腿不再说嘴，嘴不再说腿。

三、鼻韵母发音练习

an

发音提示：由前 a 为起点，舌位逐渐上升，舌尖贴向硬腭前端，气流与音波从鼻腔透出，口腔由开到合。

安 然 兰 懒 犯 勘 韩
肝 攀 泛 阑 滥 谭 暂
展览 安然 寒战 案板 懒散
斑斓 参赞 感叹 勘探 反感
安居乐业 三顾茅庐 攀龙附凤
肝胆相照 三言两语 按部就班

绕口令：

板凳宽,扁担长。

扁担没有板凳宽,板凳没有扁担长。

扁担要绑在板凳上,

板凳不让扁担绑在板凳上,

扁担偏要绑在板凳上,

板凳偏不让扁担绑在板凳上。

你说最后扁担到底绑没绑在板凳上。

ian

发音提示： 在 an 音基础上添加由 i 到 a 的动程,以 i 为起点,舌位向前 a 下降再升高贴住硬腭前端,口腔由扁平至展再到合。

绵 见 前 签 变 笺 连
年 天 贤 偏 娴 显 简
片面 变脸 显现 电线 前面
惦念 免检 绵延 边沿 年鉴
牵线搭桥 恋恋不舍 点石成金
年富力强 天涯海角 坚持不懈

绕口令：

半边莲，莲半边，半边莲长在山涧边。
半边天路过山涧边，发现这片半边莲。
半边天拿来一把镰，割了半筐半边莲。
半筐半边莲，送给边防连。

uan

发音提示： 在 an 音基础上添加由 u 到 a 的动程，以 u 为起点，舌位向前 a 下降再升高贴住硬腭前端，动程较大，唇形较快由圆转开再到扁。

传 串 馆 缓 碗 万 端
赚 钻 款 团 阮 撰 酸
宽缓 传唤 弯管 乱窜 软缎
转换 婉转 宦官 换算 贯穿
转危为安 全心全意 川流不息
缓兵之计 冠冕堂皇 患难与共

绕口令：

大帆船，小帆船，竖起桅杆撑起船。

风吹帆,帆引船,帆船顺风转海湾。

üan

发音提示:在 an 音基础上添加由 ü 到 a 的动程,以 ü 为起点,舌位向前 a 方向下降再升高贴住硬腭前端,动程较小,唇形由圆至展再到合。

权 犬 娟 远 悬 轩 卷
炫 劝 绚 全 院 萱 元
远远 全权 涓涓 圆圈 源泉
全员 渊源 轩辕 全院 拳拳
犬马之劳 冤家路窄 原封不动
喧宾夺主 卷土重来 怨天尤人

绕口令:

圆圈圆,圈圆圈,圆圆娟娟画圆圈。
娟娟画的圈连圈,圆圆画的圈套圈。
娟娟圆圆比圆圈,看看谁的圆圈圆。

en

发音提示:以央 e 为起点,舌位逐渐上升,舌尖贴向硬腭前端,气流与音波从鼻腔透出,动程较小,口腔开合度由大渐小。

笨 份 神 恨 真 深 粉
沉 镇 忍 盆 震 肾 人
身份 本分 沉闷 本身 愤恨
人参 门诊 审慎 深圳 振奋
仁人志士 根深蒂固 分门别类
粉身碎骨 门庭若市 针锋相对

绕口令:

孙伦打靶真叫准,半蹲射击特别神,
本是半路出家人,摸爬滚打练成神。

in

发音提示: 以 i 为起点,舌位逐渐上升,舌尖贴向硬腭前端,气流与音波从鼻腔透出,在前鼻音中动程最小,口腔始终接近闭合状态。

金 音 临 近 津 锦 勤
馨 民 频 谨 信 滨 您

民进 濒临 薪金 林荫 亲信
近邻 信心 辛勤 拼音 贫民
隐姓埋名 彬彬有礼 宾至如归
饮水思源 林林总总 近水楼台

绕口令:

你也勤来我也勤,生产同心土变金。
工人农民亲兄弟,心心相印团结紧。

uen

发音提示: 在 en 音基础上添加由 u 到 e 的动程,以 u 为起点,舌位向央 e 下滑再升高贴向硬腭前端,动程较大,唇形由圆至半开再闭合,实际拼写时简化为 un。

笋 孙 轮 婚 坤 魂 棍
仑 文 敦 寸 尊 舜 蠢
昆仑 滚滚 温存 混沌 伦敦
论文 温润 春笋 困顿 温顺
谆谆教诲 稳扎稳打 温文尔雅
混淆视听 文过饰非 浑然一体

绕口令：

昆昆捆葱绳，葱绳捆得松。

绳松葱捆松，捆松捆漏葱。

昆昆拾葱捆葱绳，捆紧葱绳不掉葱。

ün

发音提示： 与 in 发音相似，只是开头元音 ü 唇形稍展开。

陨　讯　允　蕴　峻　孕　勋
韵　巡　熏　匀　裙　君　训
军训　均匀　菌群　询问　熏熏
逡巡　循循　云雀　芸芸　军勋
循循善诱　寻根问底　群魔乱舞
运用自如　循规蹈矩　君子之交

绕口令：

军车运来一堆裙，一色军用绿色裙。

军训女生一大群，换下花裙换绿裙。

ang

发音提示： 以后 a 为起点，舌面后部抬起,贴向软腭,气流与音波从鼻腔透出,口腔由开到微合。

党 邦 庞 忘 让 糖 夯
涨 仓 桑 档 芳 港 康
党章 刚刚 商行 放浪 上苍
彷徨 上当 廊坊 螳螂 上涨
掌上明珠 康庄大道 莽莽群山
纲举目张 当务之急 长生不老

绕口令:

长城长,城墙长,
长长长城长城墙,
城墙长长城长长。

iang

发音提示: 在 ang 音基础上添加由 i 到 a 的动程,以 i 为起点,舌位向后滑向后 a,再抬起贴向软腭,气流与音波从鼻腔透出,口腔由扁平到开再到微合。

央 娘 梁 恙 量 乡 强

辆 项 江 匠 阳 响 讲
奖项 强项 想象 湘江 向阳
踉跄 襄阳 响亮 粮饷 酱香
泱泱大国 枪林弹雨 良药苦口
将计就计 江河日下 强人所难

绕口令：

杨家养了一只羊，

蒋家修了一道墙。

杨家的羊撞倒了蒋家的墙，

蒋家的墙压死了杨家的羊。

杨家要蒋家赔杨家的羊，

蒋家要杨家赔蒋家的墙。

uang

发音提示： 在ang音基础上添加由u到a的动程，以u为起点，舌位下滑至后a，再抬起贴向软腭，气流与音波从鼻腔透出，口腔由圆到开再到微合。

爽 黄 状 忘 筐 旺 旷

框　窗　床　皇　慌　广　逛

往往　双簧　装潢　窗框　状况

狂妄　网状　矿床　双双　框框

光天化日　旷日持久　窗明几净

狂风暴雨　光怪陆离　广开言路

绕口令：

王庄卖筐，匡庄卖网，

王庄卖筐不卖网，

匡庄卖网不卖筐，

你要买筐别去匡庄去王庄，

你要买网别去王庄去匡庄。

eng

发音提示： 以 e 为起点，舌位向上滑动贴向软腭，气流与音波从鼻腔透出，口腔从头到尾微开不变。

甭　彭　萌　峰　瞪　孟　能

冷　庚　坑　恒　峥　城　升

风声　丰登　鹏程　逞能　风筝

整风　更正　萌生　省城　承蒙
成人之美　能言善辩　称王称霸
逢场作戏　峥嵘岁月　正人君子

绕口令：

郑政捧着盏台灯，
彭澎扛着架屏风，
彭澎让郑政扛屏风，
郑政让彭澎捧台灯。

ing

发音提示：以 i 为起点，舌位不降低向后移，舌尖离开下齿背，舌根抬起贴向软腭，气流与音波从鼻腔透出，口腔从头到尾微开不变。

炳　赢　星　莹　幸　影　情
婧　景　京　零　丁　凝　腥
灵性　冰凌　情景　经营　倾听
并行　叮咛　影评　姓名　明星
冰清玉洁　鼎鼎大名　兢兢业业

兵贵神速　惊涛骇浪　并驾齐驱

绕口令：

同姓不能念成通信，

通信也不能念成同姓。

同姓可以互相通信，

通信可不一定是同姓。

ueng

发音提示：在 eng 音基础上添加由 u 到 e 的动程，以 u 为起点，舌位向下滑动至央 e，再抬起贴向软腭，气流与音波从鼻腔透出，唇形由圆到微开。

翁　瓮　嗡　蓊　蕹　滃

嗡嗡　老翁　水瓮　渔翁　蕹菜

瓮中捉鳖　瓮声瓮气　嗡嗡作响

绕口令：

老翁卖酒老翁买，老翁买酒老翁卖。

ong

发音提示：起点元音略低于 u，舌尖离开下齿背,舌后缩,舌根抬起贴向软腭,气流与音波从鼻腔透出,唇形从头至尾拢圆。

董 总 虹 蓉 冗 童 笼
控 孔 诵 纵 棕 弄 桶
总攻 工种 中共 中东 松动
动容 隆重 童工 轰动 动工
耸人听闻 洞房花烛 龙飞凤舞
动人心弦 公而忘私 功德无量

绕口令:

东门东家,南门董家。

东董两家同种冬瓜。

有人说,东门东家的冬瓜大,

谁知南门董家的冬瓜

大过东门东家的大冬瓜。

iong

发音提示:从实际发音看,读为 üng,以 ü 为起点,舌位向后移,舌根抬起贴向软腭,气流与音波从鼻腔透出。

穷 胸 涌 熊 勇 匈 踊
兄 琼 臃 窘 咏 凶 庸
汹涌 熊熊 炯炯 穷凶 汹汹
炯炯有神 汹涌澎湃 茕茕孑立
穷凶极恶 穷则思变 勇往直前

绕口令：

小涌勇敢学游泳，勇敢游泳是英雄。

四、十三辙练习

十三辙，也叫十三韵，是传统戏曲把普通话韵母中韵腹相同或相近的韵母归纳出来的分类，即发花辙、梭波辙、乜斜辙、一七辙、姑苏辙、怀来辙、灰堆辙、遥条辙、由求辙、言前辙、人辰辙、江阳辙、中东辙。为便于记忆，有人把十三辙归纳为一句话："俏佳人扭捏出房来，东西南北坐。"一个字代表一个韵。

按照十三辙的划分来练习韵母发音，主要是有针对性地进行韵腹撑开和韵尾收音练习，有利于充分表达作品的情感，同时产生抑扬顿挫的韵律感,使作品朗朗上口,富有音乐美。

(一)发花辙:a、ia、ua

夏日田园杂兴

范成大

昼出耘田夜绩麻,村庄儿女各当家。
童孙未解供耕织,也傍桑阴学种瓜。

如梦令·元旦

毛泽东

宁化、清流、归化,路隘林深苔滑。今日向何方,直指武夷山下。山下山下,风展红旗如画。

(二)梭波辙:e、o、uo

送瘟神·其一

毛泽东

绿水青山枉自多,华佗无奈小虫何!

千村薜荔人遗矢,万户萧疏鬼唱歌。
坐地日行八万里,巡天遥看一千河。
牛郎欲问瘟神事,一样悲欢逐逝波。

湘 中
韩 愈

猿愁鱼踊水翻波,自古流传是汨罗。
蘋藻满盘无处奠,空闻渔父扣舷歌。

(三)乜斜辙:ê、ie、üe

忆秦娥·箫声咽
李 白

箫声咽,秦娥梦断秦楼月。秦楼月,年年柳色,灞陵伤别。乐游原上清秋节,咸阳古道音尘绝。音尘绝,西风残照,汉家陵阙。

江 雪
柳宗元

千山鸟飞绝,万径人踪灭。
孤舟蓑笠翁,独钓寒江雪。

(四)一七辙:i、ü、er

台　城
韦　庄

江雨霏霏江草齐,六朝如梦鸟空啼。
无情最是台城柳,依旧烟笼十里堤。

江畔独步寻花
杜　甫

黄四娘家花满蹊,千朵万朵压枝低。
留连戏蝶时时舞,自在娇莺恰恰啼。

(五)姑苏辙:u

芙蓉楼送辛渐
王昌龄

寒雨连江夜入吴,平明送客楚山孤。
洛阳亲友如相问,一片冰心在玉壶。

卜算子·咏梅
陆 游

驿外断桥边,寂寞开无主。
已是黄昏独自愁,更著风和雨。
无意苦争春,一任群芳妒。
零落成泥碾作尘,只有香如故。

(六)怀来辙:ai、uai

望天门山
李 白

天门中断楚江开,碧水东流至此回。
两岸青山相对出,孤帆一片日边来。

江 上
王安石

江上秋阴一半开,晚云含雨却低徊。
青山缭绕疑无路,忽见千帆隐映来。

(七)灰堆辙:ei、uei(ui)

晚 春
韩 愈

草木知春不久归,百般红紫斗芳菲。
杨花榆荚无才思,惟解漫天作雪飞。

为了谁
邹友开

泥巴裹满裤腿,汗水湿透衣背。我不知道你是谁,我却知道你为了谁。为了谁,为了秋的收获,为了春回大雁归。满腔热血唱出青春无悔,望穿天涯不知战友何时回?

你是谁,为了谁,我的战友你何时回?你是谁,为了谁,我的兄弟姐妹不流泪!谁最美,谁最累?我的乡亲,我的战友,我的兄弟姐妹。

(八)遥条辙:ao、iao

咏 柳
贺知章

碧玉妆成一树高,万条垂下绿丝绦。
不知细叶谁裁出,二月春风似剪刀。

小 草
史光柱

没有花香,没有树高,我是一棵无人知道的小草。从不寂寞,从不烦恼,你看我的伙伴遍及天涯海角。春风把我吹绿,阳光把我照耀,河流山川哺育我成长,大地母亲把我紧紧拥抱。

(九)由求辙:ou、iou(iu)

自 嘲
鲁迅

运交华盖欲何求,未敢翻身已碰头。

破帽遮颜过闹市,漏船载酒泛中流。
横眉冷对千夫指,俯首甘为孺子牛。
躲进小楼成一统,管他冬夏与春秋。

闺 怨
王昌龄

闺中少妇不知愁,春日凝妆上翠楼。
忽见陌头杨柳色,悔教夫婿觅封侯。

(十)言前辙:an、ian、uan、üan

枫桥夜泊
张 继

月落乌啼霜满天,江枫渔火对愁眠。
姑苏城外寒山寺,夜半钟声到客船。

牡 丹
陈与义

一自胡尘入汉关,十年伊洛路漫漫。
青墩溪畔龙钟客,独立东风看牡丹。

(十一)人辰辙:en、in、u(e)n、ün

春 日
朱 熹

胜日寻芳泗水滨,无边光景一时新。
等闲识得东风面,万紫千红总是春。

送杜少府之任蜀州
王 勃

城阙辅三秦,风烟望五津。
与君离别意,同是宦游人。
海内存知己,天涯若比邻。
无为在歧路,儿女共沾巾。

(十二)江阳辙:ang、iang、uang

七律·人民解放军占领南京
毛泽东

钟山风雨起苍黄,百万雄师过大江。
虎踞龙盘今胜昔,天翻地覆慨而慷。

宜将剩勇追穷寇,不可沽名学霸王。
天若有情天亦老,人间正道是沧桑。

毕业歌

田 汉

同学们,大家起来,担负起天下的兴亡！听吧,满耳是大众的嗟伤！看吧,一年年国土的沦丧！我们是要选择"战"还是"降"？我们要做主人去拼死在疆场,我们不愿做奴隶而青云直上！我们今天是桃李芬芳,明天是社会的栋梁；我们今天是弦歌在一堂,明天要掀起民族自救的巨浪！巨浪,巨浪,不断地增长！同学们！同学们！快拿出力量,担负起天下的兴亡！

(十三)中东辙:eng、ing、ueng、ong、iong

大江歌罢掉头东

周恩来

大江歌罢掉头东,邃密群科济世穷。

面壁十年图破壁,难酬蹈海亦英雄。

夕阳红

乔 羽

最美不过夕阳红,温馨又从容。夕阳是晚开的花,夕阳是陈年的酒。夕阳是迟到的爱,夕阳是未了的情,多少情爱化作一片夕阳红。

第三节 声调——字音抑扬的核心

声调,也叫字调,是汉语音节所固有的可以区别意义的声音的高低和升降。它存在于某一个汉字的内部,而不是语句中由于语气和情感不同所引起的声音的高低、轻重和快慢。[①]

普通话声调分为阴平、阳平、上声、去

---

① 张涵.播音主持语音发声训练教程[M].北京:中国传媒大学出版社,2011:120.

声四类。调值是一个音节声调的实际读法。

阴平——高平调,调值为 55,起音高平莫低昂,气势平均不紧张。

阳平——高升调,调值为 35,从中起音向上扬,用气弱起逐渐强。

上声——降升调,调值为 214,起音先降转上挑,降时气稳扬时强。

去声——全降调,调值为 51,高起直送向低唱,强到弱时要通畅。

四种基本声调的调型可以简单归纳为一平、二升、三曲、四降。

一、单音节练习

(一)按声母发音部位

1. 双唇音(b、p、m)

巴拔把罢　坡婆叵破　喵苗秒妙

2. 唇齿音(f)

方 房 仿 放

3. 舌尖中音(d、t、n、l)

低 敌 底 弟　通 同 统 痛　拈 年 捻 念
溜 刘 柳 六

4. 舌面音(j、q、x)

居 局 举 锯　青 情 请 庆　香 降 想 象

5. 舌根音(g、k、h)

郭 国 果 过　科 咳 可 课　酣 含 喊 汉

6. 舌尖前音(z、c、s)

遭 凿 澡 造　村 存 忖 寸　虽 随 髓 岁

7. 舌尖后音(zh、ch、sh、r)

知 直 止 至　撑 成 逞 秤　申 神 沈 甚
▲①如 乳 入

---

① ▲表示无此字。

(二)按韵母"四呼"

1. 开口呼

掰白摆拜 抛刨跑泡 飞肥匪费 捞劳老涝

2. 齐齿呼

家夹甲架 亲勤寝沁 些鞋写谢 丫牙雅亚

3. 合口呼

窗床闯创 蛙娃瓦袜 欢还缓幻 乖▲拐怪

4. 撮口呼

薛学雪血 晕云允运 圈全犬劝

二、双音节练习

(一)阴平与四声组合

1. 阴阴

参加 播音 拥军 香蕉 咖啡 单一

安家 东方 车厢 粗心 江苏 春分

2.阴阳

资源 鲜明 新闻 发言 星球 签名

安宁 冰糖 出席 光临 春游 灯谜

3.阴上

批准 班长 灯塔 艰苦 签署 方法

安稳 青岛 颁奖 当选 叮嘱 参考

4.阴去

庄重 音乐 通信 单位 欢乐 加快

抽象 租赁 拍卖 专利 消费 精湛

(二)阳平与四声组合

1.阳阴

国歌 革新 群居 长江 围巾 图书

财经 熊猫 投标 服装 前锋 集资

2.阳阳

直达 儿童 人民 联合 临时 灵活

翱翔 吉林 格言 峨眉 独白 华侨

3. 阳上

华北 遥远 勤恳 情感 难免 旋转
博览 研讨 廉耻 儿女 垂柳 拂晓

4. 阳去

豪迈 模范 陈设 革命 局势 雄厚
别墅 裁判 国庆 函授 合作 福建

(三)上声与四声组合

1. 上阴

指标 转播 纺织 掌声 演出 讲师
北方 陕西 果汁 北京 表彰 古筝

2. 上阳

指南 反常 讲完 考察 起航 领衔
版图 北极 美元 礼节 海拔 满足

3. 上上

古典 领导 广场 友好 首长 感想
美好 宝塔 岛屿 审美 管理 保险

4. 上去

改造 主要 考试 土地 写作 选派
百货 秉性 陡峭 访问 讲座 起诉

(四)去声与四声组合

1. 去阴

下乡 象征 贵宾 卫星 降低 印刷
杜鹃 健康 冠军 细胞 复兴 泰山

2. 去阳

自然 措辞 电台 配合 要闻 辨别
盎然 桂林 贝壳 桂圆 大连 杜绝

3. 去上

耐久 跳伞 运转 办法 戏曲 历史
宪法 候鸟 代表 背景 报纸 恪守

4. 去去

日月 破例 宴会 示范 快报 建造
奥秘 电话 汇率 债券 地震 兑现

三、四音节练习

(一)按四声顺序排列(阴阳上去)

中国伟大　山河美丽　天然宝藏　资源满地
阶级友爱　中流砥柱　工农子弟　千锤百炼
身强体健　精神百倍　心明眼亮　光明磊落
山明水秀　花红柳绿　开渠引灌　风调雨顺
兵强马壮　山盟海誓　英雄好汉　飞檐走壁

(二)按四声逆序排列(去上阳阴)

破釜沉舟　调虎离山　弄巧成拙　信以为真
妙手回春　异口同声　顺理成章　万里长征
热火朝天　厚古薄今　智勇无双　墨守成规
大好河山　刻骨铭心　背井离乡　万古流芳
地广人稀　妙语连珠　四海为家　寿比南山

(三)按声母顺序排列(交错练习)

b　百炼成钢　波澜壮阔　暴风骤雨　壁垒森严

p	排山倒海	喷薄欲出	鹏程万里	普天同庆
m	满园春色	名不虚传	满腔热情	目不转睛
f	发愤图强	翻江倒海	丰功伟绩	赴汤蹈火
d	大快人心	当机立断	点石成金	斗志昂扬
t	谈笑风生	滔滔不绝	天衣无缝	推陈出新
n	鸟语花香	逆水行舟	能者多劳	宁死不屈
l	老当益壮	雷厉风行	力挽狂澜	龙飞凤舞
g	盖世无双	高瞻远瞩	攻无不克	光彩夺目
k	开卷有益	慷慨激昂	克敌制胜	快马加鞭
h	豪言壮语	和风细雨	横扫千军	呼风唤雨
j	艰苦奋斗	锦绣河山	继往开来	举世无双
q	千军万马	气壮山河	晴天霹雳	群贤毕至
x	喜笑颜开	响彻云霄	心潮澎湃	栩栩如生
zh	辗转反侧	朝气蓬勃	咫尺天涯	专心致志
ch	超群绝伦	称心如意	赤子之心	出奇制胜
sh	山水相连	舍生忘死	深情厚谊	生龙活虎
r	饶有风趣	人才辈出	日新月异	如火如荼
z	赞不绝口	责无旁贷	再接再厉	自知之明

C 沧海一粟 层出不穷 灿烂光明 从容就义
S 三思而行 所向披靡 四海为家 肃然起敬

第四节 语流音变——语言流动的表征

在语流中,由于受到相邻音节或相邻音素的影响,一些音节中的声母、韵母或声调会发生相应的变化,称作语流音变。主要包括轻声、儿化、变调、语气词"啊"的变化和词语的轻重格式等。

一、轻声

每个音节都有声调,可在句子里有些音节常常失去原来声调的调值而念成又轻又短的调子,就是轻声。轻声主要起区别词义和词性的作用。

(一)轻声读音

1.阴平后面读半低调(2度)

巴掌　闺女　风筝　先生　清楚

2.阳平后面读中调(3度)

皇上　葡萄　咳嗽　粮食　泥鳅

3.上声后面读半高调(4度)

枕头　火候　牡丹　马虎　使唤

4.去声后面读低调(1度)

闹腾　困难　阔气　丈夫　骆驼

(二)轻声的大致规律

1.语气词变读轻声

去吧　走吗　说呀　为什么呢

2.助词变读轻声

我的　拿着　走了　好好地

3.名词后缀"子""儿""头"变读轻声

桌子　棍儿　后头　柱子

4.重叠名词、动词第二个音节变读轻声

看看　说说　写写　画画

5.趋向动词、方位词变读轻声

回来　出去　跑出来　走进去

除上述规律外,还有一些词语为必读轻声词语。

白净 帮手 本事 祖宗 比方 衣服 部分
月亮 苍蝇 称呼 窗户 凑合 答应 风筝
打发 耽搁 提防 对付 舒坦 甘蔗 告示
舒服 规矩 含糊 合同 漂亮 核桃 红火

二、儿化

由于词尾的"儿"字在口语中处于轻读地位,同前面的音节连续合在一起,"化"到前一个音节上,只保持一个卷舌动作,使前一个音节的韵母成为卷舌韵母,这种语音现象叫作儿化。儿化主要起区别词义、词性,修辞和表示感情色彩的作用。

(一)儿化发音规律

表1-1 儿化发音规律

原韵母类型	儿化方式	示例词语
韵母或音节末尾音素为a、o、e、ê、u	在原韵母后加卷舌动作	a 腊八儿 号码儿 ia 摸瞎儿 脚丫儿 ua 鸡娃儿 牙刷儿 o 薄膜儿 粉末儿 uo 心窝儿 被窝儿 e 吃喝儿 山歌儿 ie 菜碟儿 树叶儿 üe 旦角儿 正月儿 u 眼珠儿 没谱儿 ao 灯泡儿 小道儿 ou 老头儿 网兜儿 iao 填表儿 豆角儿 iou 蜗牛儿 加油儿
韵母是i、ü	韵母不变,加卷舌动作	i 玩意儿 眼皮儿 ü 金鱼儿 小雨儿

续表

原韵母类型	儿化方式	示例词语
韵尾是 i	韵尾丢失,在主要元音基础上加卷舌动作	ai 窗台儿 名牌儿 ei 宝贝儿 眼泪儿 uai 糖块儿 一块儿 uei 香味儿 麦穗儿
韵尾是 n	韵尾丢失,在主要元音基础上加卷舌动作	an 被单儿 伙伴儿 en 窍门儿 赔本儿 ian 小辫儿 唱片儿 in 干劲儿 手心儿 uan 好玩儿 拐弯儿 uen 冰棍儿 打盹儿 üan 烟卷儿 手绢儿 ün 喜讯儿 随群儿
-i(前) -i(后)	变为央 e[ə],加卷舌动作	-i(前) 铁丝儿 瓜子儿 -i(后) 没事儿 树枝儿

续表

原韵母类型	儿化方式	示例词语	
韵尾是 ng	韵尾丢失,并将前面的元音鼻化,再加卷舌动作	ang 肩膀儿 eng 板凳儿 ing 花瓶儿 ong 果冻儿 iong 小熊儿 iang 花样儿 uang 蛋黄儿 ueng 水瓮儿	茶缸儿 麻绳儿 人影儿 有空儿 叫穷儿 唱腔儿 眼光儿 嗡嗡儿

(二)绕口令练习

有个小孩儿叫小兰儿,口袋里装着几个钱儿,又打醋,又买盐儿,还买了一个小饭碗儿。小饭碗儿真好玩儿,红花绿叶镶金边儿,中间还有个小红点儿。

进了门儿,倒杯水,喝了两口运运气儿。顺手拿起小唱本儿,唱一曲儿,又一曲儿。练完了嗓子我练嘴皮儿,绕口令儿,练字音儿,还有单弦牌子曲儿,小快板儿、绕口词儿,越说越唱我越带劲儿。

今儿个天儿真好,万里无云大晴天儿。一大早儿我就和小王俩人儿到海边儿去遛弯儿。这海边儿多美呀!你看,天连水,水连天儿,一眼望不到边儿。一阵儿阵儿的海风吹来,凉丝儿丝儿的。沙滩上大大小小、五颜六色的贝壳儿,更是迷人。大个儿的,就像是小花扇儿,小的就像小纽扣那么一丁点儿,可是那贝壳上的一道儿一道儿花纹儿,却是那样的清晰。我们看看这个好玩儿,就装进口袋儿,看那个也好玩儿,又装进口袋儿,不一会儿,我们就拣了一口袋儿小贝壳儿和小海螺儿。

三、变调

音节在连续念时,相邻音节声调发生变化的现象叫作变调。主要包括上声变调、去声变调以及"一"和"不"的变调。

(一)上声变调

1. 上声在单念、词尾或句尾时读本调。

2. 上声音节在非上声及轻声前,调值由 214 变为 211,也叫半上。

上声＋阴平:闪光 网吧 普通 喜欢 海滨
上声＋阳平:企图 主席 海棠 剪辑 仿佛
上声＋去声:翡翠 演戏 考验 乞丐 呕吐
上声＋轻声:牡丹 比方 女婿 尾巴 老实

3. 上声与上声相连时,第一个音节由 214 变为接近 35,也叫阳上。

宝岛 演讲 首脑 稿纸 表演 雨水
老鼠 水果 影响 古老 雨伞 口齿

(二)去声变调

去声和去声相连时,第一个音节调值由 55 变为 53。

办事 快速 互助 大会 电线 扩大 正确

(三)"一"和"不"的变调

1."一"的变调规律

(1)在单念、处于词尾或在序数词中读本调阴平。

第一 万一 统一 一月一日

(2)在非去声前读去声。

一天 一年 一条 一篮 一捆 一亩

(3)在去声前读阳平。

一个 一部 一定 一共 一律 一切

(4)处于重叠词中间时读轻声。

试一试 聊一聊 静一静 查一查

2."不"的变调规律

(1)在单念、处于词尾及非去声前时读本调去声。

从不 我不 不深 不灵 不假 不齿

(2)在去声前读阳平。

不必 不论 不错 不愧 不畏 不怕

(3)处于两个字中间时读轻声。

好不好 来不来 走不走 说不说 去不去 听不见 用不上 伸不直 写不完 跑不快

四、语气助词"啊"的变化

"啊"用在句首仍发"a"音,但作为句尾助词时,受前面音节末尾音素的影响而产生不同音变。

(一)"啊"的变化规律

表 1-2 "啊"的变化规律

前一音节 末尾音素	"啊"的发音	示例语句
a、o(ao、iao除外)、e、ê、i、ü	ya(呀)	1.怎么是他呀? 2.规则必须打破呀! 3.你写呀。 4.要提高警惕呀! 5.你倒是去不去呀?

续表

前一音节末尾音素	"啊"的发音	示例语句
u（包括 ao、iao）	wa(哇)	1. 谁在敲鼓哇？ 2. 生活多美好哇！ 3. 她的手可真巧哇！
n	na(哪)	1. 这件事可不简单哪！ 2. 你可要小心哪！ 3. 真难哪！
ng	nga(啊)	1. 成啊！ 2. 大家一起唱啊！ 3. 光发愁没用啊！
-i(后)、r、er	ra(啊)	1. 你有什么事啊？ 2. 快吃啊！ 3. 你想开点儿啊！
-i(前)	za(啊)	1. 这是谁写的字啊？ 2. 究竟几次啊？ 3. 谁也不想死啊！

(二)语句练习

鸡啊、鸭啊、猫啊、狗啊,一块水里游啊!牛啊、羊啊、马啊、骡啊,一块进鸡窝啊!狼啊、虫啊、虎啊、豹啊,一块街上跑啊!兔啊、鹿啊、鼠啊、孩儿啊,一块儿上窗台儿啊!

菜市场里什么都有:韭菜啊、香椿啊、萝卜啊、竹笋啊、菜花啊、茄子啊、羊肉啊、鸡蛋啊、鲤鱼啊、苹果啊、香蕉啊,真是琳琅满目啊!

幼儿园的这些孩子啊,会唱会跳真可爱啊!大家都来看啊,他们玩得多高兴啊!有的孩子在读诗啊,有的孩子在画画啊,他们又是唱啊又是跳啊,他们多幸福啊!

五、词语的轻重格式

普通话多音节词语的几个音节有着约

定俗成的轻重差别,就是词语的轻重格式。我们将短而弱的音节称为轻,长而强的音节称为重,介于二者之间的称为中。

(一)双音节词语

1. 中重
周刊 大会 长寿 布控 地震 教室 成就
马路 水平 资料 开放 广州 继续 实现

2. 重中
硕士 艺术 挫折 人类 秋天 季度 错误
实惠 义务 教育 家务 运动 读者 幸福

3. 重轻
丈夫 意思 哆嗦 动静 力气 价钱 稀罕
名堂 快活 教训 做作 合同 乡下 部分

(二)三音节词语

1. 中中重
火车站 主持人 亚运会 东道主 芭蕾舞

播音员 立交桥 国务院 计算机 井冈山

2.中重轻

小姑娘 老头子 牛脾气 凑热闹 老师们
做生意 胡萝卜 菜篮子 没工夫 找麻烦

3.中轻重

抱不平 对不起 冷不防 数得着 架子鼓
生意经 吃不消 架不住 窝囊废 过不去

(三)四音节词语

1.中重中重

安分守己 鹤发童颜 花好月圆 龙潭虎穴
五湖四海 心旷神怡 天长地久 博古通今

2.中轻中重

噼里啪啦 稀里糊涂 乌鲁木齐 社会主义
黑不溜秋 老实巴交 花里胡哨 迫不及待

3.重中中重

惨不忍睹 义不容辞 敬而远之 诸如此类
一扫而空 目不暇接 相形之下 美不胜收

第二章　播音发声

声音是播音员主持人有声语言表达的最主要载体,所有的语言功力最终都体现在声音上。广播电视需要播音员主持人声音达到清晰、明亮、圆润、持久等要求,塑造出良好的声音形象,这就需要进行一系列有针对性的发声练习。

第一节　呼吸控制练习

播音发声对呼吸控制的总体要求是:"能够运用胸腹联合式呼吸法调节呼吸,使气息顺畅、均匀,深浅适中,运用自如。"[①]

---

① 吴弘毅.实用播音教程第1册——普通话语音和播音发声[M].北京:中国传媒大学出版社,2002:261.

使用胸腹联合式呼吸法能够使呼吸活动范围增大,伸缩性增强,提高发声效率,为准确自如地传情达意提供动力支持。

一、呼吸肌训练

(一)膈肌弹发练习

1. 弹发练习

用膈肌爆发弹力将气流送至口腔前腭部分。

hà hèi hè huò
hà—hà—hà—hà hèi—hèi—hèi—hèi
hè—hè—hè—hè huò—huò—huò—huò

2. 数数练习

喊操口令:1、2、3、4、5、6、7、8

　　　　　2、2、3、4、5、6、7、8

　　　　　............

　　　　　8、2、3、4、5、6、7、8

数旗:广场上,飘红旗,看你能数多少面旗,一面旗,两面旗,三面旗,四面旗,五面旗,六面旗,七面旗,八面旗,九面旗,十面旗……

3. 夸张声调练习,延长发音

百炼成钢	乘风破浪
万马奔腾	排山倒海
风暴平地起	江海要翻腾
千军万马齐出动	今日一战定成功

4. 诗词练习

蝶恋花

欧阳修

庭院深深深几许,杨柳堆烟,帘幕无重数。玉勒雕鞍游冶处,楼高不见章台路。

雨横风狂三月暮,门掩黄昏,无计留春住。泪眼问花花不语,乱红飞过秋千去。

虞美人

李 煜

春花秋月何时了?往事知多少。小楼昨夜又东风,故国不堪回首月明中。

雕栏玉砌应犹在,只是朱颜改。问君能有几多愁?恰似一江春水向东流。

囚 歌

叶 挺

为人进出的门紧锁着,
为狗爬出的洞敞开着,
一个声音高叫着:
——爬出来吧,给你自由!
我渴望自由,
但我深深地知道——
人的身躯怎能从狗洞子里爬出!
我希望有一天,

地下的烈火,

将我连这活棺材一齐烧掉,

我应该在烈火与热血中得到永生!

(二)延长呼吸控制练习

1.声音延长练习

小——兰　　　阿——毛

老——余　　　小——安

高——丽——丽　开——船——啦

开——饭——啦　我——来——啦

2.吆喝练习

油炸鱼虾————臭豆腐

磨剪子嘞————戗菜刀

啤酒香烟————矿泉水

哎,卖菜卖菜,香菜、辣青椒、嫩芹菜、扁豆、茄子、黄瓜、大冬瓜、大海茄、萝卜、胡萝卜、扁萝卜、嫩嘞芽的香椿嘞、蒜儿来嘞、好韭菜。

小小的纸啊,四四方方,东汉蔡伦造纸

张,南京用它包绸缎,北京用它包文章。此纸落在我的手,张张包的都是十三香。夏天热,冬天凉,冬夏离不了这十三香,亲朋好友来聚会,挽挽袖子就下了厨房,煎炒烹炸味道美,鸡鸭鱼肉是喷喷儿的香,八洞的神仙来拜访,才知道用了我的十三香,啊哎。

二、呼吸肌扩展训练

(一)慢吸慢呼

1. 闻花香

吸气如闻花香,呼气时撮口将气流缓缓吹出,气流在口中呈圆柱状,要求匀速、集中、持久。

2. 发 si 音

吸气如闻花香,呼气时气流从上下门齿缝隙吹出,发出延长不间断的"si"音,也可将气流吹至手心加强感受。

3. 数葫芦练习

金葫芦,银葫芦,一口气数不了二十四个葫芦,一个葫芦,两个葫芦,三个葫芦,四个葫芦……二十二个葫芦,二十三个葫芦,二十四个葫芦。

4. 抒情歌词练习

草原之夜

张加毅

美丽的夜色多沉静
草原上只留下我的琴声
想给远方的姑娘写封信
可惜没有邮递员来传情
等到千里雪消融
等到草原上送来春风
可克达拉改变了模样
姑娘就会来伴我的琴声

(二)快吸快呼

1.赛事解说

中央电视台,各位观众、各位听众、港澳同胞们、海外侨胞们,现在我们是在美国洛杉矶为你现场报道1984年洛杉矶奥运会决赛,中国女子排球队对美国女子排球队的比赛。比赛现在已经开始,我们先向大家介绍比赛的情况,有关其他的情况等一会儿我们会穿插向大家介绍。现在是中国队,传给4号位,4号位扣球,美国队后排把球接起来,美国队现在把球传给4号位,4号位给海纳斯,海纳斯扣球,中国队后排防守得特别严,把球打了过来,美国队现在快速进攻,由8号马杰斯把这个球打中了,美国队进了1分,现在是1∶0。

2.贯口练习:哮天犬

南赡部洲,北俱芦洲,东胜神洲,西牛贺洲,傲来国正当中,花果高山水帘洞,有一块石头,分三百六十五度,按乾、坎、艮(gěn)、震、巽(xùn)、离、坤、兑、休、生、伤、杜、景、死、惊、开。偶一日,红光崩现,唰拉拉从石内跳出一位美猴王。拜天拜地拜四方,拜的是菩提山菩提老祖。学的是九九悬空脚,驾筋斗云,蹿天入地,七十二变。他也曾到过东洋大海,得到定海针如意金箍铁棒,只皆因大闹天宫,偷了蟠桃寿酒,外带十粒金丹,天兵、天将、金吒、木吒、哪吒、托塔天王诸天众神,俱不能拿,二郎杨戬(jiǎn)撒下哮天犬直奔美猴王腰节骨咬去。那行者在海眼之中取下绣花针,迎风一晃,扁担粗细当间,两头两道金箍,直奔哮天犬打去。直打得哮天犬大叫数声,败阵而归。二郎杨戬一见,一棒未曾打上,说是:"真乃一条好狗。"

3.小说文稿练习:《红楼梦》片段(王熙凤出场)

一语未完,只听后院中有笑语声,说:

"我来迟了,不曾迎接远客!"林黛玉思忖道:"这些人个个皆敛声屏气,恭肃严整如此,这来者是谁,这样放诞无礼?"心下想着,只见一群媳妇丫鬟拥着一个丽人,从后房进来。这个人打扮与姑娘们不同,彩绣辉煌,恍若神仙妃子,头上戴着金丝八宝攒珠髻(jì),绾(wǎn)着朝阳五凤挂珠钗;项上带着赤金盘螭(chī)璎珞圈;裙边系着豆绿宫绦双鱼比目玫瑰佩;身上穿着缕金百蝶穿花大红洋缎窄裉袄,外罩五彩刻丝石青银鼠褂;下着翡翠撒花洋绉(zhòu)裙。一双丹凤三角眼,两弯柳叶吊梢眉,身量苗条,体格风骚。粉面含春威不露,丹唇未启笑先闻。

(三)快吸慢呼

1. 夸张上声练习

lǎo shǒu zhǎng
老 首 长

lǎo jiǔ guǐ
老 酒 鬼

mǐ lǎo shǔ
米 老 鼠

xiǎo lǎo bǎn
小 老 板

mǎi bǎo xiǎn　　　hǎo měi mǎn
买 保 险　　　　好 美 满

2. 诗词练习

丑奴儿·书博山道中壁
辛弃疾

少年不识愁滋味,爱上层楼。爱上层楼。为赋新词强说愁。

而今识得愁滋味,欲说还休。欲说还休。却道天凉好个秋。

木兰花·拟古决绝词柬友
纳兰性德

人生若只如初见,何事秋风悲画扇。等闲变却故人心,却道故人心易变。

骊(lí)山语罢清宵半,泪雨霖铃终不怨。何如薄幸锦衣郎,比翼连枝当日愿。

(四)换气训练

1. 文稿练习

人生在世

人生在世,不能自私自利,随心所欲,踌躇满志,无所事事。

人生在世,不能朝三暮四,随波逐流,醉生梦死,生如行尸。

人生在世,做事要认真,专心致志,重任在身,在所不辞。

人生在世,做人要正直,实事求是,生死关头,舍生忘死。

行路难·其一

李 白

金樽清酒斗十千,玉盘珍馐值万钱。
停杯投箸不能食,拔剑四顾心茫然。
欲渡黄河冰塞川,将登太行雪满山。
闲来垂钓碧溪上,忽复乘舟梦日边。

行路难,行路难! 多歧路,今安在?
长风破浪会有时,直挂云帆济沧海。

2.新闻练习

中国民法典诞生!

"通过!"2020年5月28日15时08分,十三届全国人大三次会议表决通过了《中华人民共和国民法典》,宣告中国"民法典时代"正式到来。

《中华人民共和国民法典》共7编、1260条,各编依次为总则、物权、合同、人格权、婚姻家庭、继承、侵权责任,以及附则。

编纂民法典是党的十八届四中全会提出的重大立法任务,是以习近平同志为核心的党中央作出的重大法治建设部署。编纂民法典,是对我国现行的、制定于不同时期的民法通则、物权法、合同法、担保法、婚姻法、收养法、继承法、侵权责任法和人格权方面的民事法律规范进行全面系统的编订纂修,形成一部具有中国特色、体现时代特点、反映人民意愿的民法典。

2015年3月,全国人大常委会法制工作委员会启动民法典编纂工作。2017年3月,十二届全国人大五次会议审议通过民法总则。2019年12月,全国人大常委会审议了由民法总则与经过常委会审议和修改完善的民法典各分编草案合并形成的民法典草案,并决定将民法典草案提请十三届全国人大三次会议审议。

今年两会期间,代表委员们对民法典草案展开认真审议和热烈讨论。根据各方面意见,又作了100余处修改,其中实质性修改40余处。

其中,民法典明确建筑物及其附属设施的维修资金的筹集、使用情况应当定期公布。禁止物业服务人采取停止供电、供水、供热、供燃气等方式催交物业费。

同时,民法典再次完善了防止性骚扰有关规定,将"文字、图像"纳入性骚扰的认定范围。继续完善关于高空抛物坠物的规定,规定发生从建筑物中抛掷物品或者从建筑物上坠落的物品造成他人损害的,公安等机关应当依法及时调查,查清责任人。

此外,民法典回应地面塌陷伤人问题,规定建筑物、构筑物或者其他设施倒塌、塌陷造成他人损害的,由建设单位与施工单位承担连带责任,并对因他人原因导致倒塌、塌陷的侵权责任作出了规定。

民法典将自2021年1月1日起施行,现行婚姻法、继承法、民法通则、收养法、担保法、合同法、物权法、侵权责任法、民法总则同时废止。

(2020年5月28日新华网)

第二节 口腔控制练习

口腔作为咬字器官,作为声音的"出口",是字正腔圆的关键。由肺部呼出的气流在口腔内受到牙关、舌、腭、唇等器官的人为节制,发出不同的字音。我们需要通过有针对性的训练,提高唇舌的力度及灵活度,锻炼口腔内各器官的协调配合,掌握出字、立字、归音的要领,为播音创作服务。

一、口部操练习

(一)唇的训练

1. 喷唇

双唇紧闭,力量集中,堵住气流,突然喷气出声,发出"po—po—po"音。

2. 绕唇

双唇紧闭,撮起,上下、左右,顺时针、

逆时针360度运动。

3. 裹唇

双唇闭合内收,上下齿嵌入唇内,然后利用气流突然打开。

(二)舌的训练

1. 刮舌

舌尖抵下齿背,舌体用力,用上门齿的齿沿刮舌面。

2. 伸舌

用力把舌头往外伸,舌尖越尖越好,再往回缩,伸缩都达到最大极限。

3. 弹舌

舌尖力量集中,抵住上齿龈,堵住气流,然后爆破成"da—de—ta—te"音,反复进行。

4. 顶舌

先闭唇,舌尖力量集中,用力顶左右的内颊。

5. 转舌

闭唇,把舌尖伸到齿唇的中间,上下、左右,顺时针、逆时针环绕360度运动。

6. 立舌

舌在口腔内左右立起。

(三)牙关训练

1. 开合

张嘴像打哈欠,闭嘴如啃苹果。

2. 咀嚼

张口咀嚼与闭口咀嚼交替进行,舌头自然放平。

二、吐字归音练习

(一)字头叼住弹出练习

字头要咬住,弹出,部位准确,气息饱满,结实有力,短暂敏捷,干净利落。

1. 拼音练习

bā—dā—dā　　　dī—liū—liū

pīng—pāng—pāng　tā—lā—lā

dāng—lā—lā　　　dī—dā—dā

pū—tōng—tōng　　dī—lī—lī

pū—tēng—tēng　　pū—chī—chī

gū—lū—lū　　　　gē—zhī—zhī

pū—lēng—lēng　　huā—lā—lā

yī—yā—yā　　　　wū—wā—wā

2. 成语练习

亡羊补牢　为虎作伥　鹤发童颜　龙潭虎穴

眉清目秀　蟾宫折桂　生龙活虎　南腔北调

堂堂正正　春色满园　管中窥豹　守株待兔

按图索骥　天外有天　马到成功　一唱一和

千山万水　海誓山盟　锦上添花　花红柳绿

沧海一粟　美不胜收　满城风雨　国色天香

3. 文学作品练习

君生我未生 我生君已老

唐代歌谣

君生我未生，我生君已老。

君恨我生迟,我恨君生早。

君生我未生,我生君已老。

恨不生同时,日日与君好。

我生君未生,君生我已老。

我离君天涯,君隔我海角。

我生君未生,君生我已老。

化蝶去寻花,夜夜栖芳草。

明日歌

钱　福

明日复明日,明日何其多。

我生待明日,万事成蹉跎。

世人若被明日累,春去秋来老将至。

朝看水东流,暮看日西坠。

百年明日能几何?请君听我《明日歌》。

(二)字腹拉开立起练习

字腹要拉开,立起,气息均匀,音长适当,圆润丰满。窄音宽发,宽音窄发;前音后发,后音前发;圆音扁发,扁音圆发。

1. 拼音练习

a   b—ā m—ā t—ā f—ā l—ā g—ā
ia j—iā q—iā x—iā
ou d—ōu l—ōu t—ōu k—ōu sh—ōu
uo c—uō t—uō l—uō g—uō z—uō
iao d—iāo t—iāo q—iāo x—iāo
ian b—iān d—iān q—iān m—iān
ang b—āng c—āng d—āng g—āng
eng ch—ēng f—ēng g—ēng m—ēng

2. 文学作品练习

老去的是时间

陈敬容

怎能说我们就已经老去?
老去的是时间,
不是我们!
我们本该是时间的主人。

深重的灾难。

曾经像黄连般苦，

墨一般浓——

凄厉的、漫长的寒冬！

枯尽了,遍野的草,

新生的丛林一望青葱,

高岩上挺立着苍松。

亿万颗年轻的心冲出冰层,

阳光下欣欣颤动。

让我们,和你们

手臂连连像长龙,

去敲响透明的钟,

召唤那清新的风！

3. 节目文稿练习

观众朋友晚上好,我们一起来看天气。针对目前北方的强降雨,中国气象局启动了重大气象灾害Ⅲ级应急响应。这场雨是从昨天开始下的,洋洋洒洒下到了现在,这其中陕西的北部还有河南的北部一些地方单日的降雨量纷纷刷新了当地 8 月历史，甚至是整个观测史的最强纪录。这样凶悍的降雨未来还会继续，根据最新发布的暴雨黄色预警，今天晚上到明天，甘肃的东部、宁夏的南部、陕西北部、山西中部、河北的南部、河南北部还有山东北部的这些地方有大到暴雨，局部地方还有大暴雨，并且会伴有短时强降水等强对流天气。陕西北部、山西西部要注意加强防范滑坡、山洪等灾害的发生，山西的西部还有山东的西北部还要警惕积水的不利影响。预计北方的强降雨将会缓慢的南压，本周日会减弱结束。

而放眼全国，明天吉林、辽宁还有广东、广西、云南等地也有零散的强降雨。在华东地区，随着台风"黑格比"的远离，雨水在逐渐缩减。不过，东海的西北部、黄海的中东部依旧会有 6 级以上的大风，部分海域的阵风有 9 到 10 级。而没有什么风雨的江淮、江南等地炎热依旧,白天是又闷又烤,夜间也不凉快。那正值热力爆棚的"三伏天",这种从早热到晚的情况恐怕还要持续很久,大家一定要注意防暑降温。

想了解更多天气信息,您可以扫描屏幕上方的二维码,我们来关注城市天气预报。

(中央电视台2020年8月5日《天气预报》)

(三)字尾到位弱收练习

字尾要归音到位,完整自如,避免生硬,送气到家,干净利落,趋向鲜明。

1. 诗词练习

闻官军收河南河北

杜 甫

剑外忽传收蓟北,初闻涕泪满衣裳。

却看妻子愁何在,漫卷诗书喜欲狂。

白日放歌须纵酒,青春作伴好还乡。

即从巴峡穿巫峡,便下襄阳向洛阳。

鹧鸪天·彩袖殷勤捧玉钟
晏几道

彩袖殷勤捧玉钟,当年拼却醉颜红,舞低杨柳楼心月,歌尽桃花扇底风。

自别后,忆相逢,几回魂梦与君同。今宵剩把银釭照,尤恐相逢是梦中。

卜算子·咏梅
毛泽东

风雨送春归,飞雪迎春到。已是悬崖百丈冰,犹有花枝俏。

俏也不争春,只把春来报。待到山花烂漫时,她在丛中笑。

2.诗歌练习

祖国之夜
姜念光

这是他入伍后的第九十天,

凌晨两点,第一次站夜岗。
好像第一次看见真正的黑夜,
他有些害怕,也有些激动,
于是哗啦一下拉开枪栓,动静大得
令人吃惊。万物屏息,提着肝胆。

此刻,枪膛和他的胸膛一样空,
空虚的空,空想的空,或者
漫无目标的,空手白刃的,夜空的空。
为了压住心跳,他深呼吸,默念口令,
再次深呼吸,慢慢把一条河汉放进胸中。
然后他轻轻地推着枪栓,咔嗒一声
一个清脆的少年,被推了进去。

在此之前,从来没有过这样的夜晚,
四面群山环列,满天都是星星。
从来没有这样庄严地站着,
用虎豹之心,闻察此起彼伏的夜籁之声。
是不是所有新兵,都会有一个这样的夜晚?
仿佛突然长大成人,开始承担命运,

并且突然清楚地想到了:祖国。
这个磐石的、炉火的、激流的词,
装上了热血的发动机,让他
从此,胆量如山,一生怀抱利器。

我想和你一起生活

茨维塔耶娃

我想和你一起生活
在某个小镇,
共享无尽的黄昏
和绵绵不绝的钟声。
在这个小镇的旅店里——
古老时钟敲出的
微弱响声
像时间轻轻滴落。
有时候,在黄昏,
自顶楼某个房间传来笛声,
吹笛者倚着窗牖,

而窗口有大朵郁金香。
此刻你若不爱我,我也不会在意。
在房间中央,一个瓷砖砌成的炉子,
每一块瓷砖上画着一幅画:
一颗心,一艘帆船,一朵玫瑰。
而自我们唯一的窗户张望,
雪,雪,雪。
你会躺成我喜欢的姿势:
慵懒,淡然,冷漠。
一两回点燃火柴的
刺耳声。
你香烟的火苗由旺转弱,
烟的末梢颤抖着,颤抖着
短小灰白的烟蒂——连灰烬
你都懒得弹落——
香烟遂飞舞进火中。

第三节　喉部控制练习

在播音发声中,由肺呼出的气流在通过喉部时,冲击声带并产生震动,从而形成喉原音,并进一步通过共鸣、咬字器官的共同作用形成语音。

一些人在发音过程中感觉喉部过紧、发痒,气流像"卡"在喉咙一样,发声不自如。这就需要我们在发声过程中保持喉头相对稳定,保持放松状态,加强与呼吸、口腔控制的配合,并克服不良发声习惯。

一、气泡音练习

气泡音是微弱的气流通过喉腔时,将闭合的声带中间部分吹出一个小洞,由于气流与声带的边缘摩擦产生断续振动,经喉咽腔共鸣而发出的一连串气泡似的"a"音(类似漱口时口中含水仰头呼气发出的声音)。它是一种充分放松喉头的发声方式,适用于发声前的准备以及发声后的恢复。

二、音域拓展练习

(一)螺旋音练习

由低到高发"a"或"yi"音,在此过程中声音如同螺旋一样旋转,用气息支撑拉长,声音从小腹向上环绕,不挤不捏,低处不压喉,高处不嘶喊,到顶端眉心处再向下环绕。

(二)短句练习

练习这些句子时,从自己的中音开始不断重复朗读,每次都比上一次提高一点儿音高,直到不能再高,再反方向由中音到低音练习。想象声音分别在五个位置:井底→地面→桌面→天花板→蓝天白云之上。

伟大的祖国,伟大的人民。

好雨知时节,当春乃发生。

不知细叶谁裁出,二月春风似剪刀。

君不见黄河之水天上来,奔流到海不复回。

三、音色对比练习

(一)两层次音色对比练习

a(实声)—a(虚声)

i(实声)—i(虚声)

u(实声)—u(虚声)

ü(实声)—ü(虚声)

(二)多层次音色对比练习

a(实声)—a(虚实声)—a(虚声)

i(实声)—i(虚实声)—i(虚声)

u(实声)—u(虚实声)—u(虚声)
ü(实声)—ü(虚实声)—ü(虚声)

(三)诗词练习

清平乐·六盘山
毛泽东

天高云淡,望断南飞雁。不到长城非好汉,屈指行程二万。

六盘山上高峰,红旗漫卷西风。今日长缨在手,何时缚住苍龙?

沙扬娜拉
——赠日本女郎
徐志摩

最是那一低头的温柔,
像一朵水莲花不胜凉风的娇羞,
道一声珍重,道一声珍重,

那一声珍重里有蜜甜的忧愁——

沙扬娜拉!

第四节　共鸣控制练习

共鸣在播音发声中起到扩大和美化声音的作用,能使声音宽厚、圆润、舒展、集中。虽然人体的发音共鸣腔是天生的,无法改变,但我们可以通过共鸣的调节来加以改善,对发自声带的原声进行润饰,使它在原声基础上更加清晰、圆润,富有色彩。

发音腔体以软腭为界,软腭以上包括鼻腔、头腔,属于不可变共鸣腔;软腭以下包括口腔、咽腔、喉腔和胸腔,属于可变共鸣腔。播音发声的共鸣方式是:以口腔共鸣为主,以胸腔共鸣为基础,以微量的鼻腔共鸣为后备的声道共鸣方式。

在共鸣调节中,要注意共鸣腔的畅通,找到声"挂"前腭的感觉。同时只有在积极的精神状态下,才能使共鸣腔的调节保持顺畅、自然。

一、口腔共鸣练习

唇齿相依,嘴角略上抬,唇舌力量集中,使声音沿着上腭中纵线前行,向硬腭前部流动冲击,声音有意识地往外集中送出。同时在口腔共鸣调节中,软腭稍抬高,以减少鼻腔共鸣过重的问题。

(一)声韵母练习

ao　ou　iao　iou

uai　uei　üan　ün

bā—dā—gā　　pā—tā—kā

bā—dā—dā　　dī—liū—liū

hū—lā—lā　　　kū—lōng—lōng

pī—pā—pā　　　pū—tōng—tōng

béng—bà—bà—bà—bà

béng—bà—bà

dǒng—dà—dà—dà—dà

dǒng—dà—dà

gǒng—gà—gà—gà—gà

gǒng—gà—gà

(二)音节练习

颁布　背叛　排炮　拍板　敌对
坦途　天堂　理论　料理　高歌
互惠　工会　郊区　军校　吉普
专注　长春　装束　主任　总裁
波澜壮阔　光明磊落　地大物博
壁垒森严　可歌可泣　百折不挠

(三)诗词练习

题菊花
黄　巢

飒飒西风满院栽,蕊寒香冷蝶难来。

他年我若为青帝,报与桃花一处开。

长江之歌

胡宏伟

你从雪山走来,春潮是你的风采;
你向东海奔去,惊涛是你的气概。
你用甘甜的乳汁,哺育各族儿女;
你用健美的臂膀,挽起高山大海。
我们赞美长江,你是无穷的源泉;
我们依恋长江,你有母亲的情怀。

你从远古走来,巨浪荡涤着尘埃;
你向未来奔去,涛声回荡在天外。
你用纯洁的清泉,灌溉花的国土;
你用磅礴的力量,推动新的时代。
我们赞美长江,你是无穷的源泉;
我们依恋长江,你有母亲的情怀。
啊,长江!

(四)文稿练习

草原上升起不落的太阳
美丽其格

蓝蓝的天上白云飘,白云下面马儿跑,挥动鞭儿响四方,百鸟齐飞翔。要是有人来问我,这是什么地方?我就骄傲地告诉他,这是我的家乡。

这里的人们爱和平,也热爱家乡。歌唱自己的新生活,歌唱共产党。毛主席和共产党,抚育我们成长,草原上升起不落的太阳。

少年中国说(节选)
梁启超

故今日之责任,不在他人,而全在我少年。少年智则国智,少年富则国富;少年强则国强,少年独立则国独立;少年自由则国自由;少年进步则国进步;少年胜于欧洲,则国胜于欧洲;少年雄于地球,则国雄于地球。红日初升,其道大光。河出伏流,一泻汪洋。潜龙腾渊,鳞爪飞扬。乳虎啸谷,百兽震惶。鹰隼试翼,风尘翕张。奇花初胎,矞矞皇皇。干将发硎,有作其芒。天戴其苍,地履其黄。纵有千古,横有八荒。前途似海,来日方长。美哉我少年中国,与天不老!壮哉我中国少年,与国无疆!

二、胸腔共鸣练习

运用胸腔共鸣可以使发出的声音有深度和宽度,使声音听起来结实、厚重,具有可信度。但不宜过多运用,避免声音低沉、浑浊、含混不清。可用较低的声音发 a、ha、wei、wu、wa 体会胸腔颤动感,声音较低、轻柔,有利于感受到胸腔共鸣。

(一)音节练习

发达　客车　薄膜　而且　开采
肥美　高潮　收购　展览　根本
帮忙　生成　自私　值日　出嫁
百炼成钢　翻江倒海　循序渐进

(二)诗词练习

七律·长征

毛泽东

红军不怕远征难,万水千山只等闲。
五岭逶迤腾细浪,乌蒙磅礴走泥丸。
金沙水拍云崖暖,大渡桥横铁索寒。
更喜岷山千里雪,三军过后尽开颜。

假使我们不去打仗

田　间

假使我们不去打仗,
敌人用刺刀

杀死了我们,
还要用手指着我们骨头说:
"看,这是奴隶!"

(三)文稿练习

保尔说得好:人最宝贵的东西是生命。生命对人来说只有一次。因此,人的一生应当这样度过:当他回首往事时,不因虚度年华而悔恨,也不因碌碌无为而羞愧;这样,他在临死的时候能够说,我把整个生命都献给了全世界最壮丽的事业——为人类的解放事业而斗争。

在黑暗的旧中国,地是黑沉沉的地,天是黑沉沉的天。灾难深重的人民哪,你身上戴着沉重的锁链,头上压着三座大山,你一次又一次地呼喊,一次又一次地战斗,可是啊,夜漫漫,路漫漫,长夜难明赤县天……

亲爱的同志们啊!你可曾记得,在那战火纷飞的黎明,在那风雪弥漫的夜晚,我们是怎样地向往啊!向往着胜利的一天。

(音乐舞蹈史诗《东方红》解说词)

公元七世纪,一个大唐的僧人踏上了丝绸之路,他要前往遥远的西方,寻求佛法。大漠雪山,他命悬一线;城堡森林,他九死一生。怀着坚定的信念,他终于抵达心中的圣地。十九年时间、一百一十个国家、五万里行程。在异国的土地上,他被奉为先知;在佛陀的故乡,他成为智慧的化身。因为他的缘故,大唐的声誉远播万里,就连他脚上的麻鞋,也被信徒供为圣物。然而,他放弃了一切荣耀,依然返回故土。

他翻译的佛经,达到了四十七部、一千三百三十五卷,这是一个前无古人,后无来者的成就。他离世的时候,大唐的皇帝悲痛不已,百万人哭送。

几百年之后,历史逐渐变成了传奇,传奇慢慢地变成了神话,一只神通广大的猴子,带着一头猪和一匹马,保护着斯文懦弱的师父去西天取经。经过几百年的艺术加工,这个叫孙悟空的徒弟成为故事的核心,而师父唐僧已经面目全非。在《西游记》成为文学经典的同时,人们渐渐淡忘了唐僧的本名——玄奘。真实的玄奘越走越远,只剩下一个轮廓模糊的背影。

(纪录片《玄奘之路》解说词)

三、鼻腔共鸣练习

适量的鼻腔共鸣可对声音起修饰作用,但过多会导致鼻音过重、声音含混。鼻腔共鸣通过软腭下降来实现,可练习 m、n 开头的音节体会鼻腔共鸣。

(一)声韵母练习

a(原音)—a(加鼻腔共鸣)

i(原音)—i(加鼻腔共鸣)

u(原音)—u(加鼻腔共鸣)

ma—mi—mu

na—ni—nu

(二)音节练习

妈妈　光芒　中央　泥泞　困难

买卖　奶奶　弥漫　南宁　温暖

(三)诗词练习

月之故乡

彭邦桢

天上一个月亮

水里一个月亮

天上的月亮在水里
水里的月亮在天上

低头看水里 抬头看天上
看月亮思故乡
一个在水里 一个在天上
看月亮思故乡
一个在水里 一个在天上

忆秦娥·娄山关

毛泽东

西风烈,长空雁叫霜晨月。霜晨月,马蹄声碎,喇叭声咽。

雄关漫道真如铁,而今迈步从头越。从头越,苍山如海,残阳如血。

(四)解除鼻音练习

窗框　装潢　边缘　全天　捐献
短暂　晚安　湘江　专断　庄园

第五节　声音弹性练习

思想感情是不断运动变化的,我们的声音要适应这种变化,就要富有弹性。声音具有弹性,才能成为传情达意的工具,才能表现出丰富细腻的色彩与性格。

丰富的思想感情是使声音富有弹性的内在基础,气息是连接思想感情与声音的纽带。练习时,要有针对性地进行声音色彩对比训练,以获得准确、传神、形象的出声效果。

一、远与近练习

远距离对话练习,声音随距离的变化而变化。

甲:老乡,老乡……

乙:谁在叫啊?

甲:老乡,是我。

乙：什么事？

甲：王村长家怎么走呀？

乙：你说什么？

甲：我说王村长家怎么走呀？

乙：前面路口一直往东走就到了。

二、强与弱练习

安塞腰鼓(节选)

刘成章

一捶起来就发狠了，忘情了，没命了！百十个斜背腰鼓的后生，如百十块被强震不断击起的石头，狂舞在你的面前。骤雨一样，是急促的鼓点；旋风一样，是飞扬的流苏；乱蛙一样，是蹦跳的脚步；火花一样，是闪射的瞳仁；斗虎一样，是强健的风姿。黄土高原上，爆出一场多么壮阔、多么豪放、多么火烈的舞蹈哇！——安塞腰鼓！

这腰鼓,使冰冷的空气立即变得燥热了,使恬静的阳光立即变得飞溅了,使困倦的世界立即变得亢奋了。

三、高与低练习

白云飞

白云飞,白云飘,飘上黄山九重霄,
山越高来景越美,最高峰上谁在笑?
啊!黄山的云啊,你是那样洁白,那样崇高!

白云飞,白云飘,飘上悬崖松树梢,
崖越陡来松越俏,最陡的崖上谁在笑?
啊,黄山的云啊,你是那样美丽,那样骄傲!

四、刚与柔练习

热爱生命(节选)
食　指

也许我瘦弱的身躯像攀附的葛藤

把握不住自己命运的前程
那请在凄风苦雨中听我的声音
仍在反复地低语:热爱生命

也许经过人生激烈的搏斗后
我死得比那湖水还要平静
那请去墓地寻找我的碑文
上面仍会刻着:热爱生命

我下决心:用痛苦来做砝码
我有信心:以人生作为天平
我要称出一个人生命的价值
要后代以我为榜样:热爱生命
……
但我有着向旧势力挑战的个性
虽是屡经挫败,我决不轻从
我顽强地活着,活到现在
就在于:相信未来,热爱生命

五、明与暗练习

我们浪费了太多的青春,那是一段如此自以为是,又如此狼狈不堪的青春岁月,有欢笑,也有泪水;有朝气,也有颓废;有甜蜜,也有荒唐;有自信,也有迷茫。我们敏感,我们偏执,我们顽固到底地故作坚强;我们轻易地伤害别人,也轻易地被别人所伤;我们追逐于颓废的快乐,陶醉于寂寞的美丽;我们坚信自己与众不同,坚信世界会因我而改变;我们觉醒其实我们已经不再年轻,我们的前途或者也不再是无限的,其实它又何曾是无限的? 曾经在某一瞬间,我们都以为自己长大了。但是有一天,我们终于发现,长大的含义除了欲望,还有勇气、责任和坚强,以及某种必需的牺牲。在生活面前我们还都是孩子,其实我们从未长大,还不懂爱和被爱。

今天之所以区别于昨天,恰恰是因为昨天的感受依然在我们心中。在我们生命的每个角落都会有一个被加工好了的故事,不管结局是福是祸,也不管它是美丽还是悲伤,岁月的洗礼总能给我们留下淡淡的回忆,这或许就是生命值得延续的魅力。回忆使我和我的几位朋友彼此牵挂一如往昔,有人会认为那是清高,也有人会说这是愚蠢,但对于我来说他们都是我的知己。我们这些各自寻找不同归宿的人,只想知道我们到底是谁。

(电视剧《与青春有关的日子》旁白)

六、虚与实练习

皮鞋匠静静地听着。他好像面对着大海,月亮正从水天相接的地方升起来。微波粼粼的海面上,霎时间洒满了银光。月亮越升越高,穿过一缕一缕轻纱似的微云。忽然,海面上刮起了大风,卷起了巨浪。被月光照得雪亮的浪花,一个连一个朝着岸边涌过来……皮鞋匠看看妹妹,月光正照在她那恬静的脸上,照着她睁得大大的眼睛。她仿佛也看到了,看到了她从来没有看到过的景象,月光照耀下的波涛汹涌的大海。

《月光曲》节选

第六节　情、声、气结合练习

播音中的"情"是指播音员主持人受到文稿及具体情境刺激后,心理上所产生的服务于播出目的的一系列感同身受的反应,如感动、喜欢、同情、厌恶、悲愤等。播音中的"声"是指播音员主持人通过科学的发声方式方法发出来的艺术化的,由文字语言转化而来的有声语言。播音中的"气"则是指播音员主持人通过胸腹联合式呼吸法,吸进与呼出足够的气息,并对声音的最终形成起到支撑作用的发声动力。播音发声中对"气"的要求是：持久、稳定和自如。

在播音创作中，气生于情而融于声，情声气的运用不是割裂开的，而是有机地融为一体的。情是内在灵魂，是主导；声是外在形态，是载体；气是连接声与情的纽带，是动力。

总的来说，我们对"情、声、气"的训练，"情要取其高，声要取其中，气要取其深，以达到字正腔圆、清晰持久、刚柔自如、声情并茂的境地"[①]。

文稿练习：

我们的作品凭什么来打动别人的心灵！在我看来，要达到这样的目的，最重要的是作家对生活、对艺术、对读者要抱有真诚的态度。否则，任何花言巧语和花样翻新都是枉费心机。作品中任何虚假的声

---

① 吴弘毅.实用播音教程第1册——普通话语音和播音发声[M].北京：中国传媒大学出版社，2002：413.

音,读者的耳朵都能听得见。无病呻吟骗不来眼泪,只能换取讽刺的微笑;而用塑料花朵装扮贫乏的园地以显示自己的繁荣,这比一无所有更为糟糕。是的,艺术劳动,这项从事虚构的工作,其实最容不得虚情假意。我们赞美,我们诅咒,全然应出自我们内心的真诚。真诚!这就是说,我们永远不丧失一个普通人的感觉,这样我们所说出的一切,才能引起无数心灵的共鸣。

[路遥《真诚的魅力》(节选)]

观众朋友您好,欢迎您在2013年的第一天里准时收看《焦点访谈》。

新年新变化,很多观众朋友会发现,我们的栏目也有了一些新变化。您看我们的包装和以前不一样了,对于访谈的观众朋友来说,我也是第一次和大家见面。另外我们节目的时间比以前加长了,内容也增加了。像我们今天要说的就有两个话题。

我们也希望,在以后的日子里,能够有更好的节目奉献给大家。

在这新的一年里,我们祝愿国家富强进步,也祝愿大家"生活有尊严、合法多攒钱、家庭常团聚、出行更安全"。这可不是空话,因为2013年出台的很多新法、新规,都对保障公民的权益、增加人民的福祉作出了新的规定,刚才我们的每一项祝福,其实"都有法律依据"。

(2013年元旦《焦点访谈》)

高邮咸蛋的特点是质细而油多。蛋白柔嫩,不似别处的发干、发粉,入口如嚼石灰。油多尤为别处所不及。鸭蛋的吃法,如袁子才所说,带壳切开,是一种,那是席间待客的办法。平常食用,一般都是敲破"空头"用筷子挖着吃。筷子头一扎下去,吱——红油就冒出来了。高邮咸蛋的黄是通红的。苏北有一道名菜,叫作"朱砂豆腐",就是用高邮鸭蛋黄炒的豆腐。我在北京吃的咸鸭蛋,蛋黄是浅黄色的,这叫什么咸鸭蛋呢!

端午节,我们那里的孩子兴挂"鸭蛋络子"。头一天,就由姑姑或姐姐用彩色丝线打好了络子。端午一早,鸭蛋煮熟了,由孩子自己去挑一个,鸭蛋有什么可挑的呢?有!一要挑淡青壳的。鸭蛋壳有白的和淡青的两种。二要挑形状好看的。别说鸭蛋都是一样的,细看却不同。有的样子蠢,有的秀气。挑好了,装在络子里,挂在大襟的纽扣上。这有什么好看呢?然而它是孩子心爱的饰物。鸭蛋络子挂了多半天,什么时候孩子一高兴,就把络子里的鸭蛋掏出来,吃了。端午的鸭蛋,新腌不久,只有一点淡淡的咸味,白嘴吃也可以。

孩子吃鸭蛋是很小心的。除了敲去空头,不把蛋壳碰破。蛋黄蛋白吃光了,用清水把鸭蛋壳里面洗净,晚上捉了萤火虫来,装在蛋壳里,空头的地方糊一层薄罗。萤火虫在鸭蛋壳里一闪一闪地亮,好看极了!

[汪曾祺《端午的鸭蛋》(节选)]

20多年前,老谭向未婚妻许诺,要带她从事一项甜蜜的事业。交通不便的年代,人们远行时,会携带能长期保存的食物,它们被统称为路菜。路菜不只用来果腹,更是主人习惯的家乡味道,看似寂寞的路途,因为四川女人的存在,变得生趣盎然。妻子甚至会用简单的工具制作出豆花儿,这是川渝一带最简单、最开胃的美食。通过加热,卤水使蛋白质分子连接成网状结构,豆花实际上就是大豆蛋白质重新组合的凝胶,挤出水分,力度的变化将决定豆花的口感。简陋的帐篷里,一幕奇观开始呈现。现在是佐料时间,提神的香菜、清凉的薄荷、酥脆的油炸花生,还有酸辣清冽的泡菜，所有的一切，足以令人忘记远行的疲惫。丰盛的一餐，标志着另一段旅程的开启。全部家当，重量超过10吨，天黑前两小时必须全部装车。因为工作，每个养蜂人每年外出长达11个月。父母的奔波给两个读书的孩子提供了安稳的生活。20多年，风雨劳顿，之所以不觉得孤单，除了坚忍的丈夫、勤劳的妻子，相濡以沫的，还有一路陪伴的家乡味道。

（《舌尖上的中国Ⅱ·脚步》解说词）

第三章　语言表达技巧

播音员主持人将文字语言转化为有声语言,不是简单的"见字出声"的过程,而是要通过声音表现出文字语言描述的场景与抒发的情感,将作者文字中的所见、所闻、所思、所感表现出来,将文章的思想感情与精神实质传递给受众。除了需要有扎实的语音发声的基本功外,还需要熟练掌握语言表达的内外部技巧。语言表达的内部技巧是情景再现、内在语、对象感三种,外部技巧是停连、重音、语气、节奏四种,我们形象地称之为"内三外四"。为了熟练掌握并运用内外部技巧,需要进行大量的文稿练习。

第一节　备稿

一、准备稿件的基本方法

要读好稿件,首先要"吃透"稿件,不受稿件的"束缚",成为稿件的"主人"。这个"吃透"的过程,其实就是备稿的过程。要树立备稿意识,做到准确、迅速、深刻、精细地备稿,把稿件变成自己要说的话。备稿分为广义备稿和狭义备稿两种。

广义备稿是指长期的思想政治、文化知识、专业技能等方面的积淀,是"读万卷书,行万里路"的过程,需要在实践中日积月累、厚积薄发。

狭义备稿是对一篇具体稿件进行分析理解的准备过程。概括起来分为划分层次、概括主题、联系背景、明确目的、找出重点、确定基调等六个步骤,简称"备稿六步"。

第一步：划分层次。层次是指稿件的布局和结构，划分层次，就是对文稿自然段的归并与划分。归并是指把内在联系比较紧密的段落合并为一个大层次；划分是指把自然段化整为零，区分出语言推进的小层次。

第二步：概括主题。主题是指稿件的中心思想，是作者通过稿件反映出来的主张及态度。

第三步：联系背景。背景主要是指稿件的播出背景。背景分为"上情"和"下情"："上情"是指有关党和政府的方针路线；"下情"是指当前的现实情况及变化，包括好的方面及存在的问题。

第四步：明确目的。目的是指稿件在德、智、美三方面所能实现的社会意义和作用，所能达到的预期效果和所要遵从的引导方向。

第五步：找出重点。重点一般是直接表

现主题、体现目的、抒发感情和感染受众的地方。重点是落实播讲目的的重要环节。

第六步：确定基调。基调，是指稿件的总的感情色彩和分量，播音时总的态度倾向。体现的是播讲者对稿件认识、感受的总体结果。基调概括要贴切，态度要鲜明，注意整体感，在统一中有变化。

二、示例分析

花与树的完美

林清玄

我到一座花园去参观，看到园中的花正盛开，树都苍翠，忍不住赞叹地说："这些花和树是多么的美呀！"

花园的主人笑起来，说："在这个世界上没有丑的树，也没有丑的花。不要说是这花园，即使是路边的花、树也都是很美的。"

花园主人的说法令我感到意外。确

实,世界上没有一棵树是丑的,也没有一朵花是丑的,我以前怎么没有发现呢?

相对于一棵树或一朵花,作为人的我们就显得有各种的分别,是非、善恶、高低、美丑。高尚得像一棵树、完美得如一朵花的人是多么的少见呀!

我深信,花与树的完美,是来自它们不会有丑陋低俗的意念;因此我深信,人如果也能清净了丑陋低俗的想法,就会走向高尚与完美之路。

备稿分析:

1. 划分层次

全文共分为 5 个自然段,归为 3 个层次。

第 1 层:第 1、2 自然段。作者与花园主人对园中花树有着不同看法。

第 2 层:第 3、4 自然段。花园主人的话引发作者思考:在生活中我们总是带着自己的偏见去判断是非。

第3层:第5自然段。抒发感悟:人也应该净化自己,提升自己。

2. 概括主题

通过与花园主人的对话,引发作者对"完美"的一番思考,引导人们抛开杂念,学会欣赏,在欣赏中发现生活的美。

3. 联系背景

上情:提倡人们真诚友善对待人和事,营造和谐氛围。

下情分为主流和支流。主流是生活中大多数人能客观、理性面对生活,支流是某些人还带有丑陋低俗的想法。

4. 明确目的

提醒人们要保持内心的纯净,用纯洁的眼光来看待生命中的人和事。

5. 找出重点

第5自然段。

6. 确定基调

真挚质朴,娓娓道来。

三、训练材料

生查子·元夕
欧阳修

去年元夜时,花市灯如昼。
月上柳梢头,人约黄昏后。
今年元夜时,月与灯依旧。
不见去年人,泪湿春衫袖。

我用残损的手掌
戴望舒

我用残损的手掌
摸索这广大的土地:
这一角已变成灰烬,
那一角只是血和泥;

这一片湖该是我的家乡,
(春天,堤上繁花如锦幛,
嫩柳枝折断有奇异的芬芳,)
我触到荇藻和水的微凉;
这长白山的雪峰冷到彻骨,
这黄河的水夹泥沙在指间滑出;
江南的水田,你当年新生的禾草
是那么细,那么软……现在只有蓬蒿;
岭南的荔枝花寂寞地憔悴,
尽那边,我蘸着南海没有渔船的苦水……
无形的手掌掠过无限的江山,
手指沾了血和灰,手掌沾了阴暗,
只有那辽远的一角依然完整,
温暖,明朗,坚固而蓬勃生春。

在那上面,我用残损的手掌轻抚,
像恋人的柔发,婴孩手中乳。
我把全部的力量运在手掌
贴在上面,寄予爱和一切希望,

因为只有那里是太阳,是春,

将驱逐阴暗,带来苏生,

因为只有那里我们不像牲口一样活,

蝼蚁一样死……那里,永恒的中国!

一九四二年七月三日

风吹麦浪

王 英

一年一度的麦收即将拉开帷幕。

黄昏时分,我漫步在乡间小路上。此时太阳还没有落下,天空依旧湛蓝,几朵轻盈洁白的云朵,宛如柔软的柳絮,在天边惬意地飘来荡去。

风无声无息地来了,虽然不大,却让这夏天的燥热消散了许多。麦田就在眼前,当风儿荡过麦田时,麦浪此起彼伏地,发出沙沙的响声。我眼前一望无垠的金色麦浪随风舞动,在大地上铺开最浓重的一笔。密密麻麻排列整齐的麦子们,翻滚着,汹涌着,如波浪千层涌动,金光四射,令田野生辉。麦子们有时挺直了腰杆,挥舞着麦芒,精神抖擞的样子,就像一群冲锋陷阵的战士;麦子们有时弯着腰,弯着腰的麦穗,仿佛是一个个沉思者,正在用心灵与大地对话。

麦浪滚滚,我被淹没其中,静心倾听,麦子窸窸窣窣的声音,似乎充满了丰收的期待,充满了成功的渴望,充满了成熟后的力量。这大地上生长的麦子,饱蘸了大画家凡·高浓墨重彩的金黄,浓一笔、淡一笔,把麦田的金黄,点缀得比向日葵的金黄更厚重,比油菜花的金黄更辽阔。

由于收割机的普及,现在麦子必须等到熟透了,人们才收割,收下来的麦子经过机器的烘干直接就可以入库了。像我眼前这片麦田麦穗,如果是在我童年时,三四天前麦子还带着绿意的时候,人们就会手拿镰刀开始收割了。那个年月,割下来的麦子需要捆成一个个的"麦个子",麦子熟透的话,麦秸就会断裂,打不成"捆",捆不成"麦个子"了。

站在路边,我随手揪一根麦穗,放在掌心双手用力一搓,那金黄的麦粒置于手中,仔细端详,粒粒饱满颗颗金黄,看来今年家乡的人们,又将迎来一个收获的季节。

望着眼前的麦浪,我觉得麦子的一生跟人一样,充满了挫折与艰险。白露前后,乡亲们播种麦子,种下希望。然后麦子们就开始踏上奋战的旅程,它们被秋霜打过,冬雪压过,春雨润过,又经历了拔节的痛楚与快乐,才迎来自己华丽的转身,从一棵弱小麦苗长成一穗沉甸甸的麦子。在布谷鸟的歌声里,把农人眼眸里的希望点燃。

眼前辽阔的麦田,就是流淌的河流,更是欢腾的海洋。让麦子变成金黄,收获满仓的食粮是农人的小梦想,小梦想却蕴藏着惊人的能量,也是富国强民的梦想。映着漫天霞光,风吹麦浪,我深知眼前每一穗麦子都是土地的馈赠,每一粒麦子都是汗水浇灌出来的果实。我心甘情愿做一株麦子,在家乡的麦田里结出饱满的麦穗,有锋芒有善良,能挺胸也能弯腰,经风霜雨雪烈日,虽然渺小却仍然拥有着风吹麦浪的金黄与雄壮。

[2020年7月4日《人民日报》(海外版)]

第二节　内部技巧

一、情景再现

(一)理论提示

在符合稿件需要的前提下,以稿件提供的材料为原型,使稿件中的人物、事件、情节、场面、景物、情绪……在播音员脑海里不断浮现,形成连续活动的画面,并不断引发相应的态度、感情,这个过程就是情景再现。[1]

播讲者只有根据文稿内容展开想象和联想,才能获得"真情实景",才能使有声语言内蕴深厚、有血有肉,达到情景交融、绘声绘色的境界。

情景再现的过程大致分为四步:

第一步,理清头绪。拿到一篇稿件,首先要依据稿件进行创造性的设想和感知。我们可以借助再造想象将稿件中的人物、事件、图景、风貌进行设想,理清头绪,以便在我们的头脑里形成连续的、活动的画面,产生指导有声语言创作的真情实感。

第二步,设身处地。要把稿件叙述的

---

[1] 付程. 实用播音教程第2册——语音表达[M]. 北京:中国传媒大学出版社,2002:33.

内容视为亲眼所见、亲耳所闻、亲身经历,进入具体的事件、场面中去,在头脑中形成真实、鲜明的画面。设身处地的主要任务是获得现场感,产生"我就在"的感觉,而不是"我就是"。

第三步,触景生情。当稿件描述的某些画面在脑海里浮现时,我们一定要作出积极的情感反应。稿件是寄情于景的,我们就要触景生情。一个具体的"景"的刺激,在符合稿件的要求下,应当马上引起我们具体的"情"的反应。

第四步,现身说法。播音员主持人经历了前面三个步骤之后,内心有了强烈的播讲愿望,希望脑海里活动的画面和与之相应的感情"溢于言表",使受众也感受到这种情景再现,从中受到感染,才算完成了任务。

(二)示例分析

岁　月

席慕蓉

好多年没有见面的朋友,再见面时,觉得他们都有一点不同了。

有人有了一双悲伤的眼睛,有人有了冷酷的嘴角,有人是一面的喜悦,有人却是一脸的风霜:好像十几年没能和我的朋友们共度的沧桑,都隐隐约约地写在他们的脸上。

原来岁月并不是真的逝去,它只是从我们的眼前消失,却转过来躲在我们的心里,然后再慢慢地来改变我们的容貌。

所以年轻的你,无论将来会碰到什么挫折,请务必要保持一颗宽谅喜悦的心。这样,当十几年后,我们再相遇,我才能容易地从人群中把你辨认出来。

分析：第一步，理清头绪。这篇散文写的是作者对时光流转、物是人非的体味与感悟。文章分为三个层次：第1、2自然段为第一层次，讲述岁月变迁，身边的人都变得"不同"了；第3自然段为第二层次，悟出岁月会无情地在脸上留下生活的痕迹；第4自然段为第三层次，为作者的期许，希望年轻人保持从容、喜悦的心。

第二步：设身处地。正如文中所讲，在生活中，我们身边的朋友也会发生一些改变，包括我们自己。朗读时，脑海中会不经意地闪现出一些朋友的身影、面容，甚至具体到某个人的某个细节。应将自己融入这种体验与感受中，在脑海中勾勒出连续不断的画面，于娓娓道来中逐渐体会到作者对生活的感悟。

第三步：触景生情。当眼前浮现一些人、一些景的时候，我们的思想感情也会随之发生变化。如读到"悲伤的眼睛""冷酷的嘴角""一面的喜悦""一脸的风霜"这些词语时会产生相应的情感。第3、4自然段是作者的感悟,我们要细细体会、揣摩看似平淡的文字、简单的道理,并与自身的感悟相结合,引发真情实感。

　　第四步:现身说法。经过前面三步后,将文中描绘的画面、蕴含的情感向受众通过声音传递出来的愿望便更强烈了。像是在对受众讲述自身的深切体会一样,进入情景交融的境地,并根据受众的反应作出相应的调整变化。将作者的感慨与自身的体悟融为一体,告诉受众唯有保持内心的纯粹与宽容,才能保持从容的心情。

(三)训练材料

小儿垂钓
胡令能

蓬头稚子学垂纶,侧坐莓苔草映身。
路人借问遥招手,怕得鱼惊不应人。

责 子
陶渊明

白发被两鬓,肌肤不复实。
虽有五男儿,总不好纸笔。
阿舒已二八,懒惰故无匹。
阿宣行志学,而不爱文术。
雍端年十三,不识六与七。
通子垂九龄,但觅梨与栗。
天运苟如此,且进杯中物。

低调的活法
冯骥才

在媒体和网络的时代,一个人只有高调才会叫人看见、叫人知道、叫人关注。

高调必须强势,不怕攻击,反过来愈被攻击愈受关注,愈成为一时舆论的主角,干出点什么都会热销;高调不仅风光,还带来名利双赢,所以有人选择高调。

但高调也会使人上瘾,像吸烟饮酒愈好愈降不下来,降下来就难受。可是媒体和网络都是一过性的、滚动式的、喜新厌旧的。任何人都很难总站在高音区里边,所以必须不断折腾、炒作、造势、生事,才能持续高调。

有人以为高调是一种成功,其实不然。高调只是这个时代的一种活法。当然,每个人都有权选择自己的活法,选择什么都无可厚非。

于是,另一些人就去选择另一种活法——低调。

这种人不喜欢一举一动都被人关注,一言一语也被人议论,不喜欢人前显贵,更不喜欢被"狗仔队"追逐,被粉丝死死纠缠与围困,被曝光得一丝不挂;他们明白在商品和消费的社会里,高调存在的代价是被商品化和被消费。这样,心甘情愿低调的人就没人认识,不为人所知,但他们反而能踏踏实实做自己喜欢的事,充分地享受和咀嚼日子,活得平心静气,安稳又踏实。你问他怎么这么低调,他会一笑而已:就像自己爱一个人,需要对别人说明吗?

低调为了生活在自己的世界里,高调为了生活在别人的世界里。

文化也是一样。也有高调的文化和低调的文化。

首先,商业文化就必须是高调的,只有高调才会热卖热销,低调谁知道谁去买?然而热销的东西不可能总热销,它迟早会被更新鲜、更时髦的东西取代。所以说,时尚是商业文化的宠儿。在市场上最成功的是时尚商品。有人说时尚是造势造出来的,里边有大量五光十色的泡沫,但商品文化不怕泡沫,因为它只求当时的商业效应,一时的震撼与强势,不求持久的魅力。

故而,另一种追求持久生命魅力的纯文化很难在当今时代大红大紫,可是它也不会为大红大紫而放弃一己的追求。它甘于寂寞,因为它确信这种文化的价值与意义。

我很尊敬我的一些同行的作家。他们平日不知躲在什么地方,很少伸头探脑,有时一两年不见,看似在人间蒸发了,却忽然把一本十几万或几十万字厚重的书拿了出来;他们笔尖触动的生活与人性之深、文字创造力之强,令人吃惊。待到人们去品读去议论,他们又不声不响扎到什么地方去了。唯其这样才能写出真正洞悉社会人生的作品来。

作家天生是低调的。他们生活在社会深深的皱褶里,也生活在自己的心灵与性情里,所以看得见黑暗中的光线和阳光中的阴影,以及大地深处的疼点。他们天生不是做明星的材料,不会经营自己只会营造笔下的人物;任何思想者都是这样:把自己放在低调里,是为了让思想真正成为一种时代的高调。

享受一下低调吧——低调的宁静、踏实、深邃与隽永。低调不是被边缘被遗忘,更不是无能。相反,只有自信才能做到低调和安于低调。

(2020年1月3日《新华日报》)

张大力

冯骥才

张大力，原名叫张金璧，津门一员赳赳武夫，身强力蛮，力大没边，故称大力。津门的老少爷们喜欢他，佩服他，夸他。但天津人有自己夸人的方法。张大力就有这么一件事，当时无人不晓，现在没人知道，因此写在下边。

侯家后一家卖石材的店铺，叫聚合成。大门口放一把死沉死沉的青石大锁，锁把也是石头的。锁上刻着一行字：凡举起此锁者赏银百两。

聚合成设这石锁，无非为了证明它的石料都是坚实耐用的好料。

可是，打石锁撂在这儿，没人举起过，甚至没人能叫它稍稍动一动，您说它有多重？好赛它跟地壳连着，除非把地面也举到头上去!

　　一天,张大力来到侯家后,看见这把石锁,也看见上边的字,便俯下身子,使手问一问,轻轻一撼,竟然摇动起来,而且赛摇一个竹篮子,这就招了许多人围上来看。只见他手握锁把,腰一挺劲,大石锁被他轻易地举到空中。胳膊笔直不弯,脸上笑容满面,好赛举着一大把花儿!

　　众人叫好呼好喊好,张大力举着石锁,也不撂下来,直等着聚合成的伙计老板全出来,看清楚了,才将石锁放回原地。老板上来笑嘻嘻说:"原来张老师来了,快请到里头坐坐,喝杯茶!"

　　张大力听了,正色道:"老板,您别跟我弄这套! 您的石锁上写着,谁举起它,赏银百两,您就快把钱拿来,我还忙着哪!"

　　谁料聚合成的老板并不理会张大力的话。待张大力说完,他不紧不慢地说道:

"张老师,您只瞧见石锁上边的字了,可石锁底下还有一行字,您瞧见了吗?"

张大力怔了。刚才只顾高兴,根本没瞧见锁下边还有字。不单他没瞧见,旁人也都没瞧见。张大力脑筋一转,心想别是老板唬他,不想给钱,以为他使过一次劲,二次再举不起来了,于是上去一把又将石锁高高举到头顶上。可抬眼一看,石锁下边还真有一行字,竟然写着:唯张大力举起来不算。把这石锁上边和下边的字连起来,就是:凡举起此锁者赏银百两,唯张大力举起来不算!

众人见了,都笑起来。原来人家早知道唯有他能举起这家伙。而这行字也是人家佩服自己、夸赞自己,张大力当然明白。

他扔了石锁,哈哈大笑,扬长而去。

二、内在语

(一)理论提示

播音中的内在语是指那些在播音语言中所不便表露,不能表露,或没有完全表露出来和没有直接表露出来的语句关系和语句本质。[①]

稿件中的文字常常是"言有尽而意无穷",作者不可能也没有必要将稿件包含的具体内容和思想感情全部写出来。但我们在进行播音创作时,必须由表及里,将语句中蕴含的无尽意蕴挖掘出来,读出语言的弦外之音、言外之意。

在播音中用好内在语,可以为播音语言表达准确、鲜明、生动提供内在依据。内

---

① 付程.实用播音教程第 2 册——语言表达[M].北京:中国传媒大学出版社,2002:74.

在语主要起着揭示语言本质和承接语言链条的作用。

按照性质和作用的不同,内在语大致分为六类:

1. 发语性内在语

在呼号、语句、层次、段落、节目起始处加上适当的词语作为开头,在我们内心播出来,并与稿件原来开头的词语自然地衔接,将其带发出来,就容易找到自然的语气,进入状态,增强语句的指向性。

例:(听众朋友,您知道吗?)在祖国西南边陲,有一座边防哨所。

2. 寓意性内在语

隐含在语句深层的内在含义,是结合上下文语言环境挖掘出来的语句本质和语句目的。要注意判断和把握态度分寸上的细微差别。

例:就是这样一个人均收入仅 200 余

元、尚有数十万人未解决温饱的财政穷县,在办公楼建设方面却屡出大手笔。(实则强烈批判这种反常行为)

3. 关联性内在语

指那些没有用文字表示出来的语句关系,具体地说,就是那些体现语句逻辑关系和语法意义的隐含性关联词或短语。通过挖掘语句间的隐含性关联词或短语,使语句关系更加明晰。

例:我在这头,(可是)母亲在那头。

4. 提示性内在语

用于语句、层次、段落之间,也是为了解决上下句衔接的问题。但与关联性内在语有所不同,它不是以关联词短语的形式出现的,而且内容上也更丰富多彩。

例:我接过来一看,(嘿!可不是嘛!)针脚整齐,横是横,竖是竖,补得就是不错!

5. 回味性内在语

在稿件文字段落、层次和全文结尾处设置相应的词语,提示播音员主持人的语气或回味、或思考、或想象、或憧憬,给人以语已尽、情尚存的印象。

例:春天像健壮的青年,有铁一般的胳膊和腰脚,领着我们上前去。(多么催人奋进的春天!)

6. 反语性内在语

指语言文字的表层意义与深层含义为对立关系或对比关系。

例:正因为这样,所以马克思是当代最遭嫉恨和最受诬蔑的人。各国政府——无论专制政府或共和政府,都驱逐他……(这一切反倒说明,马克思是一个伟大的人)

(二)示例分析

春耕的时候

郑 敏

这里有一块土地。(有)一个住在花园里的人走来,(他)看了看说:(天呐!这里怎么?)"铺满了砖头、石砾,(劳动起来也)太费事了。(哎!)我们还是回到自己的花园里去吧。"(坚决不做这毫无意义的事情)

(但有)一个在寻找耕地的人走来,(只见他)跪下,捧起瓦砾下的泥土,(又)看了看,说:"(太棒了)行,咱们干吧。今夏就有瓜、豆和月季花了!"(我有信心干好它!)

(还有)一个魔术师来了,(只见他)戏剧性地喊道:"请相信我吧,我能让这块土地长出黄金的叶子、(还有)宝石的花朵、白银的瓜果。(以后)我们就要富了,富了!

(到那时)谁也不需要劳动了,(这)好日子就在门口了!"

(后来)人们集体讨论了一番,然后说,(还是)让第二个人来吧,(就让)咱们和他一起耕种这块土地,因为他(才)是一个真正有理想的人。(理想只有靠诚恳的态度和辛勤的劳动才能实现!)

注:文中括号内文字为内在语参考文字。

(三)训练材料

听 雨
刘半农

我来北地将半年,今日初听一宵雨。
若移此雨在江南,故园新笋添几许。

我曾经爱过你
普希金 文 戈宝权 译

我曾经爱过你:爱情,也许

在我的心灵里还没有完全消亡，
但愿它不会再打扰你，
我也不想再使你难过悲伤。
我曾经默默无语、毫无指望地爱过你，
我既忍受着羞怯，又忍受着嫉妒的折磨，
我曾经那样真诚、那样温柔地爱过你，
但愿上帝保佑你，
另一个人也会像我一样地爱你。

白兔和月亮

周国平

在众多的兔姐妹中，有一只白兔独具审美的慧心。她爱大自然的美，尤爱皎洁的月色。每天夜晚，她来到林中草地，一边无忧无虑地嬉戏，一边心旷神怡地赏月。她不愧是赏月的行家，在她的眼里，月的阴晴圆缺无不各具风韵。

于是，诸神之王召见这只白兔，向她宣

布了一个慷慨的决定:"万物均有所归属,从今以后,月亮属于你,因为你的赏月之才举世无双。"

白兔仍然夜夜到林中草地赏月。可是,说来也奇怪,从前的闲适心情一扫而光了,她脑中只绷着一个念头:"这是我的月亮!"她牢牢地盯着月亮,就像财主盯着自己的金窖。乌云蔽月,她便紧张不安,唯恐宝藏丢失;满月缺损,她便心痛如割,仿佛遭了抢劫。在她的眼里,月的阴晴圆缺不再各具风韵,反倒险象环生,勾起了无穷的得失之患。

和人类不同的是,我们的主人公毕竟慧心未灭,她终于去拜见诸神之王,请求他撤销了那个慷慨的决定。

读书是风雅乐事(节选)

鲁先圣

我十分钦佩杨绛先生关于读书的观

点：读书好比串门儿——隐身的串门儿。要参见钦佩的老师或拜谒有名的学者，不必事前打招呼求见，也不怕搅扰主人。翻开书面就闯进大门，翻过几页就登堂入室；而且可以经常去，时刻去，如果不得要领，还可以不辞而别或者另请高明，和他对质。

把读书看成了拜师访友，是那种没有任何功利的读书，优雅而闲适。如果我们真的能够像杨绛那样去看待读书，把读书当作是去拜访高人名流，那读书就纯粹是一件风雅乐事了。

苏格拉底对于读书另有高论。他声称，一册好书，能够引诱他走遍全世界。他是为求知而读书的，读一本书就了解了世界的一个方面。可以想象，苏格拉底不是像杨绛那样优雅地读书的，可以想象他的挑剔，他的如饥似渴，他的求知的贪婪，还有他的目光的锐利。而金圣叹那句"雪夜闭户读禁书"的情景就更大相径庭了。他是一个探险家,是一个猎奇者,那种神秘的氛围和意味,那种不为外人道的秘密,或许只有这位伟大的批注家才能享受得了。

林语堂认为读书的主旨在于摆脱俗气。黄山谷说不读书便语言无味,面目可憎。说得有些过头了。淳朴的乡村农夫目不识丁,并未见其面目可憎,但是说读书能摆脱俗气,使人优雅,倒是确切的。

读书是有功用的,这毫无疑问。当然,如果能够达到像杨绛先生那样犹如串门访友的达观,则是一种极高的境界了。

三、对象感

(一)理论提示

对象感就是播音员必须设想和感觉到对象的存在和对象的反应,必须从感觉上意识到受众的心理——要求、愿望、情绪等,并由此而调动自己的思想感情,使之处于运动状态。① 播音员主持人在"目中无人"的工作环境中(演播室、录音间)应该努力做到"心中有人"。

对象感的设想可以从量与质两个方面进行。量的方面,是指性别、年龄、职业、人数等情况;质的方面,是指环境、气氛、心理、素养等情况。两者相辅相成,不可孤立。

(二)示例分析

中国之声《小喇叭》节目文稿

嘿,小朋友,晚上 8 点啰! 新一期的小喇叭开始广播啦! 我是你的好朋友春天姐姐,在北京向你问好。我想,小朋友们都知

---

① 张颂.播音创作基础[M].3 版.北京:中国传媒大学出版社,2011:77.

道,今天是清明假期的第一天。说到清明呢,春天姐姐想和大家说一说这个节气。清明是中国的 24 个节气之一,汉族传统的清明节始于周代,距今已经有 2500 多年的历史了。都说清明一到,气温升高,正是春耕、春种的大好时节,故有"清明前后,种瓜点豆"之说。清明节呢是我国传统的节日,也是最重要的祭祀节日,是祭祖和扫墓的日子。唐代诗人杜牧曾经写过这样一首诗:"清明时节雨纷纷,路上行人欲断魂。借问酒家何处有?牧童遥指杏花村。"清明节又叫踏青节,正是春光明媚、草木吐绿的时节,也是人们春游的好时候,所以古人有"清明踏青"的说法,并且呢有开展一系列体育活动的习俗。放风筝是人们清明时节最喜爱的活动之一,不知道这两天小朋友们有没有放风筝呢?

分析:量的方面,这个节目面向全国的少年儿童。

质的方面:播音员在生动活泼、轻松亲切的氛围下,语言充满对儿童的呵护和关爱,想象与小朋友面对面地贴心交流。现今儿童的视野越来越宽,智力与心理快速发展,节目在给他们带来快乐的同时也要让他们获取知识,发挥节目的教育引导功能,成为孩子们健康成长的精神乐园。播音员应该成为孩子们的好朋友,通过节目,达到寓教于乐、服务儿童的目的。

(三)训练材料

汉乐府·江南

江南可采莲,莲叶何田田,鱼戏莲叶间。鱼戏莲叶东,鱼戏莲叶西,鱼戏莲叶南,鱼戏莲叶北。

孩子,请听我说

黄伯平

孩子,当你还很小的时候,我花了很多很多的时间,教你慢慢地用汤匙,用筷子吃东西;教你穿衣服、绑鞋带、扣扣子;教你洗脸、梳头;教你擤鼻涕、擦屁股……

这些和你在一起的点点滴滴,是多么令我怀念不已!

所以,当我想不起来、接不上话时,请给我一点时间,等我一下,让我再想一想……极可能最后连要说什么,我也一并忘记,请体谅我,让我继续沉醉在这些回忆中吧!

孩子,你是否还记得,我们练习了好几百回才学会的第一首儿歌?

你是否还记得,你每天都逼着我绞尽脑汁回答你是从哪里冒出来的?

所以,如果我啰啰唆唆重复一些老掉牙的故事,如果我情不自禁地哼出我孩提时代的儿歌,请不要怪罪我。

现在,我经常忘了扣扣子、绑鞋带,吃饭时经常弄脏衣服,梳头时手还会不停地颤抖……请不要催促我,不要发脾气,请对我多一点耐心,只要有你在我的眼前,我的心头就会有很多温暖。

我的孩子!

如今,我的脚站也站不稳,走也走不动,所以,请你紧紧地握着我的手,陪着我,慢慢地向前走,就像我当年牵着你一样……

话剧《哥俩好》台词

二　虎:(兴致勃勃地对观众)我们新兵连开展了向雷锋同志学习的竞赛,我要每天做一件好事。可这好事都叫别人给做完了,可真把我急坏了!哎?林大娘提着一桶热豆浆过来了。我赶忙跑上前去接过来,倒进缸里,这下子,做豆腐的事就包在我身上了,今天非得露一手!我让林大娘去忙别的活儿,我好一个人完成任务。……噢,我该做豆腐喽。(挽起袖子,想了想)做豆腐,做……这豆腐怎么做?……嘻,没什么了不起的,反正在家见我奶奶做过。嗯,对了,点豆腐,用的是卤水,(寻找)啊,在这儿。(拿起点了二勺,搅了搅,盖上盖儿,心神不宁地等着)好了吗?(听了听,然后战战兢兢地打开缸盖一看)哎呀,怎么还是稀汤寡水的?再来两勺。干脆,全放里算了。(这下放心了,满怀信心地)只要我耐心等一会儿,这缸豆浆就会变成豆腐。林大娘端着一块块雪白香嫩的豆腐送到连里,同志们一定会围上来,七嘴八舌地问:"林大娘,这是谁的手艺呀?"林大娘就会笑眯眯地拍拍我的肩膀说:"你们连的二虎!"大家伙儿一听是我做的豆腐,会怎么说呢?(想想)最先发表意见的准是大嗓门儿乐哈哈:"瞧人家二虎,咱先不谈积极性,就光这技术也该记二等功!"接着就是四川王了,他推推眼镜,慢悠悠地说:"好得很!啥子时候学会的这个鬼名堂。"等大伙儿哈哈一笑,这时候准会冒出一声"二虎!""到!"不用问这是我们班长。"二虎,这是你做的吗?大家要好好地学习嘛!"这时候我该怎么办呢?我……我绝不能得意,我得严肃,一句话也不能说!

到了晚上,全连集合,指导员给我胸前戴上大红花,然后站在讲台上说:"同志们——!二虎,为我们大家做豆腐——"(忽然想起)哎,这豆腐八成好了,我得看看。(走到缸前,慢慢地揭开缸盖一看,大惊)啊?(要哭)这豆腐……它,它怎么都成黑的啦!……糟了……(高声地)林大娘——,您快来看看呀,这豆腐……怎么……黑了呢……林大娘!

中央广播电视总台2020年春节联欢晚会开场主持词

甲: 全世界的观众、听众朋友们,这里是中国北京,各位正在收看收听的是中央广播电视总台2020年春节联欢晚会。

乙: 我们的晚会正通过央视综合频道、综艺频道、中文国际频道、国防军事频道、少儿频道、农业农村频道、4K超高清频道,以及央广音乐之声、经典音乐广播、文艺之声、中国交通广播以及央广国广各频道频率向全球同步直播。

丙: 与此同时,央视频、央视新闻新媒体、央视网、央广网、国际在线等新媒体频道同步播出。总台英、西、法、阿、俄、中文国际频道和 43 种外语新媒体也将在全球 170 多个国家和地区的 560 多个平台播出。

丁:又一个庚子鼠年如约而至,在这个华夏儿女阖家团圆的除夕之夜,在中华民族将迎来决胜全面小康、决战脱贫攻坚的历史时刻。

戊:我们向全国各族人民、向港澳台同胞,向海外华侨、华人说一声——

合:过年好!

第三节 外部技巧

一、停连

(一)理论提示

停连,就是停顿与连接。声音的中断处就是停顿,声音的延续处就是连接。停连是有声语言显示语意、抒发感情的方法,是有声语言的"标点符号",必须符合我们自身的生理及心理需要。同时一定要从稿件的全局出发,不要孤立、片面地处理稿件。

1. 播音创作常用标注符号

▲挫号,表示停顿时间较短,用于没有标点符号的地方;

∧停顿号,表示停顿时间稍长,不论有无标点符号均可使用,如用于有标点符号处,表示停顿时间再长些。

≋间歇号,停顿时间更长,一般用于层次、段落之后;

⌒连接号,用于有标点符号但内容联系又比较紧密的地方;

//层次转换,表示意思的转换;

"·"重音,表示应强调的词或词组;

↗语气上扬,多表示喜悦、激动的情感;

↘语气下抑,多表示低落、沮丧的情感。

2.停连的十种类型

(1)区分性停连

通过停连的安排来区分语言序列各成分,使语意表达清晰。

例:冬天∧过去了,微风∧悄悄送来了春天。

(2)呼应性停连

在有呼有应的句子里体现呼应关系的停连。

例:下面请欣赏▲两首维吾尔族民歌。

(3)并列性停连

在稿件中属于并列关系的词语之间的停顿及各成分内部的连接。

例:山∧朗润起来了,水∧涨起来了,太阳的脸∧红起来了。

(4)分合性停连

一般用于分合性句式上,停连位置一般在分与合的连接处。

例:在奋斗的过程中,∧不管是成功的喜悦,⌒还是失败的痛苦,∧都是一种历练和收获。

(5)强调性停连

播讲人因感情和强调重点的需要而运用,在重点的前面或后面加以停顿,以突出重点。

例:在许多场合,∧司机▲是决定出不出车祸的关键。

(6)判断性停连

文稿中有思维过程的时候,在判断、思索的地方进行的停连,以表达出思维过程。

例:也许∧是老天在嫉妒我们的幸福,

所以∧才会让我们遇到这么多磨难。

(7)转换性停连

由一个意思转向另一个意思,一种感情转向另一种感情之间相应的停顿。

例:早上出发的时候,天气晴朗,∧没想到中午突然下起了大雨。

(8)生理性停连

文稿中人物因生理上的需要而使用的停连。

例:听到这话,老师着急地说:"什么?∧你不要急,⌣千万不要急,⌣我们马上就过来。"

(9)回味性停连

在文稿需要给人留下回味想象或发人深思的地方运用。

例:人们不知道这位军需处长的名字。∧可是,永远也忘不了他留给我们的那只鲜红的辣椒。

(10)灵活性停连

在语意清晰、内容允许及符合思想感情运动的情况下,可以灵活地运用停连。

例:你是∧小明吧?

你∧是小明吧?

3.停连的方法

停顿分为落停和扬停两类。落停一般用在一句话、一个层次、文章结束时,适用于较平稳、舒缓的语句;扬停一般用于一个意思还未说完而中间又需要停顿处,适用于较坚定、自豪的语句。

连接分为直连和曲连两类。直连一般用于有标点符号而内容联系又比较紧密的地方;曲连一般用于没有标点符号而内容又需要有所区别的地方。

(二)示例分析

生命的得失

周国平

一个婴儿刚出生∧就夭折了。一个老人∧寿终正寝了。一个中年人∧暴亡了。他们的灵魂▲在去天国的途中∧相遇。

婴儿对老人说:"上帝太不公平,⌒你活了这么久,⌒而我却等于∧没活过。我失去了∧整整一辈子。"

老人回答:"你几乎不算得到了生命,⌒所以也就谈不上失去。谁得到生命的赐予最多,⌒死时失去的∧也最多。长寿≪非福也。"

中年人叫了起来:⌒"有谁比我惨!▲你们一个无所谓活不活,⌒一个已经活够数,我却▲死在正当年,把生命曾经赐予的和将要赐予的∧都失去了。"

《一个声音在头顶响起:∧"众生啊,那已经逝去的▲和未曾到来的∧都不属于你们,⌒你们有什么∧可失去的呢?"

三个灵魂齐声喊道:"主啊,难道我们中间▲没有一个∧最不幸的人吗?"

上帝答道:∧"最不幸的人∧不止一个,你们全是,因为你们全都自以为▲所失最多。谁受这个念头折磨,⌒谁的确就是《最不幸的人。"

注:文中停连符号仅供参考。

(三)训练材料

春 望

杜 甫

国破山河在,城春草木深。

感时花溅泪,恨别鸟惊心。

烽火连三月,家书抵万金。

白头搔更短,浑欲不胜簪。

爱

张爱玲

这是真的。

有个村庄的小康之家的女孩子,生得美,有许多人来做媒,但都没有说成。那年她不过十五六岁吧,是春天的晚上,她立在后门口,手扶着桃树。她记得她穿着一件月白色的衫子,对门住的年轻人同她见过面,可是从来没有打过招呼。他走了过来,离得不远,站定了,轻轻的说了一声:"噢,你也在这里吗?"她没有说什么,他也没有再说什么,站了一会,各自走开了。

就这样就完了。

后来这女人被亲眷拐了,卖到他乡外县去作妾,又几次三番被转卖,经过无数的惊险的风波,老了的时候她还记得从前那一回事,常常说起,在那春天的晚上,在后门口的桃树下,那年轻人。

于千万人之中遇到你所遇到的人,于千万年之中,时间的无涯的荒野中,没有早一步,也没有晚一步,刚巧赶上了,那也没有别的话好说,唯有轻轻的问一声:"噢,你也在这里吗?"

当你看书的时候
谭子洪

当你看书的时候,你会觉得世界停下了,你也停下了,

可是,太阳却没有停下。

他慢慢地、慢慢地,爬上你的膝盖,

与你共读一本好书。

当你看书的时候,你听不见街头嘈杂的声音;

当你看书的时候,你听不见街尾车响的声音。

可当你确定看完一本书的时候,
你会突然觉得街上好吵。

被 骗

米哈伊尔·扎多尔诺夫

没有一辆出租车肯停下来,我都快冻僵了。我甚至想,要是有车快点儿把我送回家的话,我愿意付两倍的车钱。突然,有一辆空车像从地下冒出来似的停在了我面前。我扑了过去,还没等我说要付钱,司机就从车里出来了。他打开车门后对我说:"请上车吧!您冻坏了吧?"

"什么?"我没明白,身子甚至不自主地向后闪了一下。

"我说您快上车吧,"他微微一笑说,"我把暖风打开,要是不管用,我再给您一条毯子,您把腿裹上。"

我扫了一眼这辆车,顶灯、牌照都有,

是出租车啊。"我去切尔塔诺沃,那可挺远的!"我犹犹豫豫地说。

"切尔塔诺沃就切尔塔诺沃!远就远呗!"司机又温柔地一笑,"乘客要去哪儿,我们就去哪儿,走吧。"

我忐忑不安地钻进了车里。

"如果您同意的话,我们抄近路吧。"司机说。

"不用,"我一直保持着警惕,"通常怎么走就怎么走吧。"

"好,您别紧张,休息吧,"司机不好意思地笑了起来,"咱们该怎么走就怎么走。"

我的腿渐渐暖和了。后视镜上方挂着的收音机里正在播放肖邦的乐曲,但我的心情一点儿也没轻松起来。"为什么他那么极力地劝我上他的车,现在还要走这条我不熟悉的路?"我把手提包紧紧地抱在胸前想,"我应该坐在后座上,那儿能安全点儿。我有老婆,还有一对双胞胎!"

司机首先打破了沉默:"您喜欢肖邦的哪首曲子?"

"什么?"我正胡思乱想,一时没反应过来,为了不让他发现我的窘态,我又赶紧补了一句,"我都喜欢,您呢?"

"我喜欢那首《寂静的夜》。"司机回答。

"他要把我怎么样啊?"我一听心里更害怕了,脑子迅速地转着,猜想着各种可能,"想跟我多要点儿小费?还是要干别的?"这时,司机又给我讲起了肖邦。讲到兴头上,他还说起了英语,过一会儿醒悟过来了,又改说俄语。"他怎么知道这些?"我心里想,"一个开出租车的有那么多时间读这些东西吗?肯定没有!谁有时间呢?在哪儿读的?难道是……"我的脑子里闪过一个念头,"在监狱!那儿有的是时间!就是说他是逃犯!所以他才这么热情,就是让人别怀疑他。他肯定是把真正的司机打晕、捆上、藏起来了,然后自己开车出来打劫了,抢够了钱就逃到国外去。听说,这种事经常发生。肯定是!他还学了英语。他在监狱里待了肯定不止十年。我认倒霉吧!钱都给他,只要他不杀我就行了!"

"到了!"我正想得入神,司机突然笑着告诉我。

我看了看窗外,确实是到我家门口了,而且计价器上显示的车费比以往少很多。"他是个惯犯!就要动手了!"想到这儿,我马上把身上所有的钱都小心翼翼地递了过去,然后就去开车门,想尽快逃出去。可车门怎么也打不开!而这时街上正好一个人也没有,就我们俩……

"先别开门",司机温柔地说,"我还没……"

"我身上没钱了,就剩下点儿香肠了!"

我喊了一句,准备用手提包自卫。

"我还没给您找钱呢!"司机打断了我的话,把多余的钱递了过来。然后他下了车,绕到我这边,打开车门说:"谢谢您!您到家了。祝您晚安!如有不周之处,请您原谅!"

我惊愕地呆立在人行道上。我被骗了!可到底怎么被骗了呢?我不知道。我正发呆时,又有一个行人朝车跑了过来,急匆匆地问:"司机,到梅德韦多克去吗?"

"您好!请上车吧!"司机走下车来,给他打开了车门。

那个人为难起来,不知如何是好,看了我一眼,但还是钻进了汽车。又有一个人"落网"了!但我的心情却随之轻松了起来。

二、重音

(一)理论提示

在稿件中,那些最能体现语句目的、最能表达思想感情的词或短语就叫重音。读准重音能使语意更加清楚准确,语句目的更加突出,感情色彩更加鲜明。

重音不等于重读。重音要在语流中把握,根据具体语句在全篇稿件中所处的位置来确定。表达重音的总体要求是:加强对比,协调适当,讲究变化,切忌呆板。

1. 重音的十种类型

(1)并列性重音

当段落、语句中有并列关系的词或短语时,这些词或短语就可以确定为重音。

例:改革开放离不开稳定,发展离不开稳定,人民安居乐业离不开稳定。

(2)对比性重音

作者在创作中,常把一些对立的事物放在一起,通过比较、对照,使事物的特征更加突出,事物的形象更加鲜明。

例:谦虚使人进步,骄傲使人落后。

(3)呼应性重音

为了使文章层次清晰,结构严谨,作者常采用一呼一应、一呼多应的方式来写作。呼应性重音就是揭示呼应关系的有力方式。

例:他是谁呢? 他就是我们敬爱的陈老师。

(4)递进性重音

稿件中描写的对象、阐释的道理,往往是一步步向前发展、一步步深入的。表达这种递进结构的句子时,我们用的是递进性重音。

例:沙漠里,别说是树,连草都很难找到。

(5)转折性重音

通过对相反方向的内容变化的描述,揭示说话者意图。

例:虽然英吉利海峡的水温较低,平均只有16摄氏度,但张健的身体状况和竞技状态保持得不错。

(6)肯定性重音

表达对事物的肯定态度时,一般用肯定性词语,如是、有等,注意要从整句话的意图判断肯定性重音。

例:是他,他没有死。

(7)强调性重音

把句子中表达感情色彩的词或词组加以强调,以突出某种感情。

例:美国应当尊重中国的主权和法律,

不要指手画脚。

(8)比喻性重音

用有相似点的事物来描写或说明另一事物,可以使表达更加鲜明生动,而其中的比喻词就是比喻性重音。

例:石拱桥的洞呈弧形,像天上的虹。

(9)拟声性重音

句子中的象声词就是拟声性重音。表达时不必刻意模仿,重在传神。

例:那天,我又独自坐在屋里,看着窗外的树叶唰唰啦啦地飘落。

(10)反义性重音

利用正话反说或反话正说的修辞方式来表明态度,渲染感情。

例:哎,我现在想想,那时真是太聪明了。

2.重音的表达方法

重音的表达方法一般有强弱法、快慢

法和虚实法三种。

强弱法是用声音的轻重、高低变化来表现重音。

例：只要有一线希望，就要尽百倍努力。

快慢法是用声音的急缓、长短、顿挫变化来表现重音。

例：漓江的水真清啊，清得可以看见江底的沙石。

虚实法是用声音的虚实变化来表现重音。

例：十八只蜡烛，被轻轻吹灭，深情的注视留给昨夜未眠的青春。

(二)示例分析

狼总是不甘寂寞的。它在吃了羊之后，还要表示自己是"善良"的。

第一次参加比赛的她没有丝毫的失误，以近乎完美的表现赢得了所有裁判的高分。

既要绿水青山，也要金山银山。宁要绿水青山，不要金山银山，而且绿水青山就是金山银山。

这一天，他们走下钢梯，走上楼梯，居住条件彻底改善。从藤梯、钢梯再到楼梯，许许多多和莫色达体一样的"悬崖村"村民走上了幸福之路。

8月2日早上7时，我国首次火星探测任务"天问一号"探测器顺利完成第一次轨道中途修正，继续飞向火星，各系统状态良好。目前，"天问一号"探测器已距离地球超过300万公里。

黎巴嫩政府当天召开紧急会议，宣布贝鲁特为受灾城市，在贝鲁特实施为期两周的紧急状态，由军方监督实施。政府同时敦促有关部门采取措施救助灾民，包括向无家可归者开放学校、酒店等场所,并确保民生物资供应等。黎巴嫩卫生部长哈马德·哈桑当天晚些时候说,4日发生的爆炸已经造成135人死亡、大约5000人受伤,另有数十人依然下落不明。

的确,迄今为止没有哪位美国国务卿像蓬佩奥这样,在美国国内外都如此声名狼藉。对他而言,"史上最差"的评价可谓名副其实,当之无愧。蓬佩奥在国际社会动辄妖言惑众,极尽挑拨离间、挑唆对抗之能事,无所不用其极,展现了极其低劣的道德水准,已形同过街老鼠。

注:文中重音符号仅供参考。

(三)训练材料

虞美人·听雨

蒋 捷

少年听雨歌楼上。红烛昏罗帐。壮年

听雨客舟中。江阔云低、断雁叫西风。

而今听雨僧庐下。鬓已星星也。悲欢离合总无情。一任阶前、点滴到天明。

年　轻

塞缪尔·厄尔曼

青春不是年华,而是心境;青春不是桃面、丹唇、柔膝,而是深沉的意志、恢宏的想象、炙热的感情;青春是生命的深泉在涌流。

青春气贯长虹,勇锐盖过怯弱,进取压倒苟安。如此锐气,二十后生有之,六旬男子则更多见。年岁有加,并非垂老,理想丢弃,方堕暮年。

岁月悠悠,衰微只及肌肤;热忱抛却,颓废必致灵魂。忧烦、惶恐、丧失自信,定使心灵扭曲,意气如灰。

无论年届花甲,抑或二八芳龄,心中皆

有生命之欢乐、奇迹之诱惑,孩童般天真久盛不衰。人人心中皆有一根天线,只要你从天上人间接收美好、希望、欢乐、勇气和力量的信号,你就青春永驻,风华常存。

一旦天线下降,锐气便被冰雪覆盖,玩世不恭、自暴自弃油然而生,即使年方二十,实已垂垂老矣;然则只要竖起天线,捕捉乐观信号,你就有望在八十高龄告别尘寰时仍觉年轻。

洛阳桥
余光中

刺桐花开了多少个春天
东西塔对望究竟多少年
多少人走过了洛阳桥
多少船驶出了泉州湾

现在轮到我走上桥来
从桥头的古榕步向北岸

从蔡公祠步向蔡公石像
一脚踏上了北宋年间

当初年轻的父亲或许
也带过我,六岁的稚气
温厚的大手牵着小手
从南岸走向石桥的那头

或许母亲更年轻,曾经
和父亲一同将我牵牢
一左一右,带我在中间
三个人走过了洛阳桥

想必蔡公,造桥人自己
当年曾领先走过此桥
多感动啊,泉州人随后
逍遥地越过洛江滔滔

越过洛江无情的滔滔
弘一的芒鞋、俞大猷的马靴
惠安女绣花鞋的软步

都踏过普渡的洛阳桥

潮起潮落,年去年来
匆匆过桥,一代又一代
有的,急急于赶路,有的
在扶栏与望柱间徘徊

最后是我,晚归的诗翁
一千零六十步,叠叠重重
想叠上母亲、父亲的脚印
叠上泉州人千年的跫音

但桥上的七亭九塔
桥下的石墩,石墩上累累的牡蛎
怎认得我呢? 一个浪子
少小离家,回首已耄耋

刺桐花开了多少个四月
东西塔依旧矗立不倒
江水东流,海波倒灌
多少人走过了洛阳桥

电视剧《亮剑》台词

李云龙：同志们，我先来解释一下，什么叫亮剑？古代剑客们在与对手狭路相逢时，无论对手有多么强大，就算对方是天下第一剑客，明知不敌，也要亮出自己的宝剑，即使倒在对手的剑下，也虽败犹荣，这就是亮剑精神。事实证明，一支具有优良传统的部队，往往具有培养英雄的土壤。英雄或是优秀军人的出现，往往是由集体形式出现，而不是由个体形式出现的。理由很简单，他们受到同样传统的影响，养成了同样的性格和气质。例如，第二次世界大战时，苏联空军第 16 航空团 P-39 飞蛇战斗机大队，竟产生了 20 名获得苏联英雄称号的王牌飞行员。与此同时，苏联空军某部施乌德飞行中队，产生了 21 名获得苏联英雄称号的模范飞行员。

任何一支部队都有自己的传统,传统是什么? 传统是一种性格,是一种气质,这种传统和性格,是由这支部队组建时首任军事首长的性格和气质决定的。他给这支部队注入了灵魂,从此不管岁月流逝、人员更迭,这支部队灵魂永在。

同志们,这是什么? 这就是我们的军魂。我们进行了22年的武装斗争,从弱小逐渐走向强大,我们靠的是什么? 我们靠的就是这种军魂,我们靠的就是我们军队广大指战员的战斗意志。

纵然是敌众我寡,纵然是身陷重围,但是我们敢于亮剑,我们敢于战斗到最后一个人。一句话:"狭路相逢勇者胜。"亮剑精神,就是我们这支军队的军魂。剑锋所指,所向披靡。

(电视剧《亮剑》第30集)

三、语气

(一)理论提示

"语气是在思想感情的运动状态支配下语句的声音形式。"[1]播音的语气以具体的思想感情为核心,以具体的声音形式为载体,存在于句子之中。

具体的思想感情包括语气的感情色彩和语气的分量。语气的感情色彩指喜怒哀乐、爱憎是非等情感,语气的分量指感情色彩的"分寸"。它们都以具体稿件为基础,以真情实感为内核,共同表达出丰富多彩的思想感情。

语势是指语句在思想感情运动状态下声音的态势,即有声语言的发展趋势。语

---

[1] 张颂.播音创作基础[M].3版.北京:中国传媒大学出版社,2011:104.

势分为五种基本形态。

（1）波峰类。声音呈由低到高再到低的态势。

例：世界上没有花的国家是没有的。

（2）波谷类。声音呈由高到低再到高的态势。

例：当父母的都想让自己孩子的个子长得高一点。

（3）上山类。声音呈由低到高的态势。

例：我骄傲，我是中国人。

（4）下山类。声音呈由高到低的态势。

例：应该珍惜的东西，正像江水一样，在你身边流淌……

（5）半起类。声音呈由低到高的态势，但只起到一半。

例：这到底是什么幻景呢？

(二)示例分析

1. 欢乐喜庆的语气

火红的灯笼、璀璨的烟火把除夕夜晚点缀得绚丽多姿,丰富可口的团圆饭也让人们品味到浓浓的亲情。在湖北荆门、辽宁海城、浙江宁波等地,家家户户举杯同庆,互致祝福。在新疆阿瓦提县刀郎村寨,全国道德模范代表和各族群众一起包饺子;在甘肃岷县永光村,震区群众把各家拿手的菜肴端到集体帐篷里一起分享,共迎新春到来。

2. 柔和亲切的语气

"春江水暖鸭先知",西藏拉萨河里的黄鸭欢快地嬉戏着;"吹面不寒杨柳风",春风吹绿了田野,也吹皱了一池春水。油菜花、梨花、玉兰花,竞相怒放,吸引着人们踏青、赏花的脚步。让我们不负春光,一起去拥抱春天。

3. 怒的语气

我泱泱大国,巍巍中华,竟成了诸般列强眼中的荒蛮未化之地! 耻辱啊! 我四万万同胞,竟成了任其宰割的鱼肉! 人,不可不知耻!

耻,有个人之耻、国家之耻。德守不坚,学识愚昧,身体衰弱,遭人白眼,乃个人之耻;纲纪扫地,主权外移,疆土日蹙,奴颜婢膝,乃国家之耻。我四万万同胞,如果人人为人所耻,则国家必为人所耻。一个国家被人耻笑,那么个人也将成为别人耻笑的把柄。支那之耻,无有个人与国家之分,此乃我中华全体之奇耻大辱!

(电视剧《恰同学少年》孔昭绶台词)

4. 批评、否定的语气

在青少年科创赛事中,这类"越俎代庖"的行为并不少见。这当中有不了解比赛规则的无心之过,也有利益驱动的故意为之。家长希望为孩子积攒进名校的筹码,学校需要学生的佳绩装点门面,老师盼着"优秀神童"为自己的职业生涯"添砖加瓦"……尽管2020年1月教育部已经印发意见,明确从今年开始高校自主招生正式取消,这类赛事已经不能为高中升学带来直接收益,但在很多省市,国家级科创赛事仍是中考录取的加分项和小升初的敲门砖。因此存在各种"走捷径"的猫腻操作也就不难理解了。

更严重的是,"移花接木"、不劳而获、"拼爹"等系列操作会在青少年心中播下什么种子?他们学不到科研需要的诚信、坚持等品质,理解不了团队合作的意义,无法真正体会自主探索、独立思考的过程,更有可能对创新产生曲解,把一系列暗箱操作的潜规则视为理所当然的"躺赢"。

5. 赞美的语气

从保家卫国到见义勇为,从救死扶伤

到舍己为人,新中国的土地上从来不缺乏英雄。"两弹一星"科研人员放弃大城市生活、向戈壁滩进发,用热血和生命推动航天事业取得举世瞩目的成就;无数像王进喜一样的石油"铁人",不怕苦累,无惧牺牲,为祖国石油工业的发展作出了重要贡献;守岛英雄王继才,放弃老家安稳的生活,在边疆孤岛把最美年华献给海防事业……支撑英雄壮举的,是为民担当、为国奉献的家国情怀,是心中那份责任牵挂。崇尚英雄才会诞生英雄,争做英雄才会英雄辈出。向英雄们学习和致敬,我们的国家才会更加强盛,我们的社会才能更加安宁。

6. 严肃、客观、公正的语气

在有人恶意连续篡改"PX"词条的情况下,清华大学学子站在客观公正的立场捍卫真理、阐明真相,对于双方化解冲突、达成共识有着非同寻常的意义。他们在此过程中展现出的不只是一种科学态度和科学精神,更有一种守护真相的责任担当。

科学的素养与精神,不仅体现在对科学知识的了解,更体现为运用这些知识维护和捍卫科学的勇气与能力。拥有这种勇气和能力,我们不仅能确保自己行为的科学理性,而且能促进社会不断去伪存真、去邪扶正。

7.坚定、昂扬的语气

纤夫坚实的脚印不断地向远方延伸,离他们心中的目的地也越来越近。

纤夫的信念深深地刻在他们肩头那被纤索勒下的印痕里,纤夫的欢乐在于听到身后船只的劈波斩浪声!

纤夫是美的使者、力的象征!

朋友,就让我们顽强地扛拉着肩头的纤索,在人生的道路上像纤夫那样顽强地行进!

8. 深情怀念的语气

美国当地时间 1 月 26 日上午(北京时间 1 月 27 日凌晨),昔日洛杉矶湖人篮球明星科比·布莱恩特因为一起直升机坠毁事件,于洛杉矶西部郊外离世,享年 41 岁。

那句"我见过洛杉矶每天凌晨四点的样子",让科比激励了无数的球迷。如今,他的离世让全世界感到悲伤。

在可见的 NBA 与中国的黄金岁月里,一系列的传奇事件与励志事件,让科比在中国球迷的心中有了无限的人气。中国 80 后不仅拥有单场 81 分和"OK"组合的记忆,还有凌晨四点洛杉矶的故事。在某种程度上,科比成了激励中国年轻人的榜样。

在科比 19 年的职业生涯中,全身上下 12 个部位遭遇过伤病,但他仍然保持高水准的竞技状态。"从一开始,我就渴望成为最伟大的球员之一。日益精进、成就伟大,这是我持之以恒的内在渴望……为了能破解难题,我愿意比其他人做得更多。这对我来说其乐无穷。"

9.思考议论的语气

我以为,中国历史上最激动人心的工程不是长城,而是都江堰。

长城当然也非常伟大,不管孟姜女们如何痛哭流涕,站远了看,这个苦难的民族竟用人力在野山荒漠间修了一条万里屏障,为我们生存的星球留下了一种人类意志力的骄傲。长城到了八达岭一带已经没有什么味道,而在甘肃、陕西、山西、内蒙古一带,劲厉的寒风在时断时续的颓壁残垣间呼啸,淡淡的夕阳、荒凉的旷野溶成一气,让人全身心地投入对历史、对岁月、对民族的巨大惊悸,感觉就浓厚得多了。

(余秋雨《都江堰》)

(三)训练材料

所 见
袁 枚

牧童骑黄牛,歌声振林樾。
意欲捕鸣蝉,忽然闭口立。

雨 后
冰 心

嫩绿的树梢闪着金光,
广场上成了一片海洋!
水里一群赤脚的孩子,
快乐得好像神仙一样。

小哥哥使劲地踩着水,
把水花儿溅起多高。
他喊:"妹,小心,滑!"
说着自己就滑了一跤!

他拍拍水淋淋的泥裤子,

嘴里说:"糟糕——糟糕!"
而他通红欢喜的脸上,
却发射出兴奋和骄傲。

小妹妹撅着两条短粗的小辫,
紧紧跟在这泥裤子后面,
她咬着唇儿,提着裙儿,
轻轻地小心地跑,
心里却希望自己
也摔这么痛快的一跤!

大合唱

西格弗里德·萨松/李文俊 译

每个人忽然都迸发出歌声;
于是我心中充满欢畅
像笼中的小鸟重获自由,
疯狂地扑动翅膀,飞向
洁白的果园、浓绿的田野;
飞呀——飞呀——

飞向看不见的远方

每个人突然都提高了声音；
于是美降临,像一片斜阳：
泪水撼动我的心；惊恐
也随之漂失……哦,每个人
都变成一只小鸟,唱无言的歌；
歌声不停地飞向四方。

别人家的小孩
邢佳嘉

妈妈,
在您的口中,
住着一个别人家的小孩。
她练琴不倦,
拿奖拿到手发软。
她奥数天才,
没有难题解不开。
她乖巧可爱,

从不给您添麻烦。

哈哈,妈妈,
告诉您一个秘密
在我的心里,
也住着一位别人家的妈妈。
她酷爱锻炼,
总保持完美身材。
她厨艺精湛,
常烧出精美小菜。
她人意善解,
从不絮叨和唠烦。

其实
我俩都很平凡,
但我们依然,
是彼此的最爱。
让我们多一些忍耐,
用浓浓的爱,
将小小的缺点冲淡。

四、节奏

(一)理论提示

节奏是"由整个文本生发出来的、创作主体思想感情的波澜起伏造成的抑扬顿挫、轻重缓急的声音形式的回环往复"[1]。节奏是主观和客观的统一,也是生理和心理的统一,通过既富有变化又有一定规律的回环往复来呈现。

运用节奏时,要掌握节奏的基本类型,以确保思想感情的准确生动,还要注意节奏的变化与丰富,以烘托思想感情变化的层次,做到细微贴切。节奏的转换一般有欲扬先抑,欲抑先扬;欲停先连,欲连先停;欲轻先重,欲重先轻;欲快先慢,欲慢先快

---

[1] 张颂.播音创作基础[M].3版.中国传媒大学出版社,2011:110.

四种基本形式。

从语速快慢、音调抑扬、声音轻重等方面划分,节奏的类型大致分为轻快型、凝重型、低沉型、高亢型、舒缓型和紧张型六种。

表 3-1 节奏的基本类型

节奏类型	具体声音表现形式	代表文章
轻快型	多扬少抑,声音轻不着力,语言中顿挫少,且顿挫时间较短,语速稍快,轻巧明朗	冯骥才《珍珠鸟》、朱自清《春》
凝重型	多抑少扬,多重少轻,声音强而有力,色彩多浓重,语势较平稳,顿挫较多,且时间较长,语速偏慢	王愿坚《草地夜行》、叶挺《囚歌》
低沉型	声音偏暗偏沉,语势多为下山类,句尾落点多显沉重,语速较缓	史铁生《秋天的怀念》、吴瑛《十里长街送总理》

续表

节奏类型	具体声音表现形式	代表文章
高亢型	声音多明亮高昂,语势多为上山类,峰峰紧连,扬而更扬,势不可遏,语速偏快	茅盾《白杨礼赞》、高尔基《海燕》
舒缓型	声音多轻松明朗,略高但不着力,语势有跌宕,但多轻柔舒展,语速徐缓	老舍《济南的冬天》、欧阳修《醉翁亭记》、杨爽《月光曲》
紧张型	声音多扬少抑,多重少轻,语速快,气较促,顿挫短暂,语言密度大	闻一多《最后一次演讲》、屠格涅夫《麻雀》

(二)示例分析

非走不可的弯路

张爱玲

在青春的路口,曾经有那么一条小路若隐若现,召唤着我。

母亲拦住我:"那条路走不得。"我不信。"我就是从那条路走过来的,你还有什么不信?""既然你能从那条路上走过来,我为什么不能?""我不想让你走弯路。""但是我喜欢,而且我不怕。"母亲心疼地看我好久,然后叹口气:"好吧,你这个倔强的孩子,那条路很难走,一路小心。"

上路后,我发现母亲没有骗我,那的确是条弯路,我碰壁,摔跟头,有时碰得头破血流,但我不停地走,终于走过来了。坐下来喘息的时候,我看见一个朋友,自然很年轻,正站在我当年的路口,我忍不住喊:"那条路走不得。"她不信。"我母亲就是从那条路上走过来的,我也是。""既然你们都从那条路上走过来了,我为什么不能?""我不想让你走同样的弯路。""但是我喜欢。"我看了看她,又看了看自己,然后笑了:"一路小心。"我很感激她,她让我发现自己不再年轻,已经开始扮演"过来人"的角色,同时患有"过来人"常患的"拦路癖"。

在人生的路上,有一条路每个人非走不可,那就是年轻时候的弯路。不摔跟头,不碰壁,不碰个头破血流,怎能炼出钢筋铁骨,怎能长大呢?

分析:这篇文章的主题是在成长途中,父辈为了让我们少走弯路,不停地提醒我们,但我们却忍不住去尝试,情愿在弯路上碰壁、摔跟头。歧路多胜景,因为我们相信前方的路会更精彩,生命也因此更有价值。

这篇稿件整体属于舒缓型。第1自然段在娓娓道来中回忆起青春时面对选择的彷徨。第2自然段稍显紧张,母亲的语言满怀急切,"我"的语言执拗固执。第3自然段中节奏由紧张到舒缓,从弯路上跌跌撞撞走过来,到作为"过来人"劝告年轻人,相似的情节像电影镜头一样回放两次,角色的转换使其中的道理更耐人寻味。第4自然段属于舒缓型,作者以"过来人"的身份悟出真谛:青春如果不走弯路,就没有真正的成长,让青春走走弯路吧。

(三)训练材料

十二月过尧民歌·别情
王实甫

自别后遥山隐隐,更那堪远水粼粼。
见杨柳飞绵滚滚,对桃花醉脸醺醺。
透内阁香风阵阵,掩重门暮雨纷纷。
怕黄昏忽地又黄昏,不销魂怎地不销魂。
新啼痕压旧啼痕,断肠人忆断肠人。
今春香肌瘦几分? 缕带宽三寸。

致凯恩
普希金

我记得那美妙的瞬间:

你就在我眼前降临,
如同昙花一现的梦幻,
如同纯真之美的化身。

我为绝望的悲痛而折磨,
我因纷乱的忙碌而不安,
一个温柔的声音总响在耳旁,
妩媚的身影在我梦中盘旋。

岁月流逝,一阵阵迷离的冲动,
像风暴把往日的幻想吹醒,
我忘却了你那温柔的声音,
也忘却了你天仙般的容颜。

在荒凉的乡间,在囚禁的黑暗中,
我的时光在静静地伸延,
没有崇敬的神明,没有灵感,
没有泪水,没有生命,没有爱情。

我的心终于又觉醒:
你又在我眼前降临,

如同昙花一现的梦幻,
如同纯真之美的化身。

心儿在狂喜中跳动,
一切又为它萌生,
有崇敬的神明,有灵感,
有生命,有泪水,也有爱情。

光阴的故事

张晓风

一锅米饭,放到第二天,水汽就会干了一些;放到第三天,味道恐怕就有问题;第四天,我们几乎可以发现,它已经变坏了;再放下去,眼看就要发霉了。是什么原因,使那锅米饭变馊变坏?是时间。

可是,在浙江绍兴,年轻的父母生下女儿,他们就在地窖里,埋下一坛坛米做的酒。十七八年以后,女儿长大了,这些酒就成为女儿婚礼上的佳酿。它有一个美丽而惹人遐思的名字,叫女儿红。是什么使那些平凡的米,变成芬芳甘醇的酒? 也是时间。

到底,时间是善良的,还是邪恶的魔术师呢? 都不是,时间只是一种简单的乘法,使原来的数值倍增而已。开始变坏的米饭,每一天都不断变得更腐臭。而开始变醇的美酒,每一分钟,都在继续增加它的芬芳。

在人世间,我们也曾看到天真的少年一旦开始堕落,便不免愈陷愈深,终于变得满脸风尘,面目可憎。但是相反的,时间却把温和的笑痕、体谅的眼神、成熟的风采、智慧的神韵添加在那些追寻善良的人身上。

同样是煮熟的米,馊饭与美酒的差别在哪里呢? 就在那一点点酒曲。同样是父母所生的,谁堕落如禽兽,而谁又能提升成完美的人呢？是内心深处，紧紧怀抱不放的，求真求善求美的渴望。

时间将怎样对待你我呢？这就要看我们自己是以什么样的态度来期许我们自己的。

电视剧《康熙王朝》台词片段

康　熙：当朝大学士，统共有五位，朕不得不罢免四位；六部尚书，朕不得不罢免三位。看看这七个人吧，哪个不是两鬓斑白，哪个不是朝廷的栋梁，哪个不是朕的儿女亲家，他们烂了，朕心要碎了！祖宗把江山交到朕的手里，却搞成了这个样子。朕是痛心疾首，朕有罪于国家，愧对祖宗，愧对天地，朕恨不得自己罢免了自己！还有你们，虽然个个冠冕堂皇站在干岸上，你们，就那么干净吗？朕知道，你们有的人，比这七个人更腐败！朕劝你们一句，都把自己的心肺肠子翻出来,晒一晒,洗一洗,拾掇拾掇!

朕刚即位的时候以为朝廷最大的敌人是鳌拜;灭了鳌拜,以为最大的敌人是吴三桂;朕平了吴三桂,台湾又成了大清的心头之患;啊,朕收了台湾,噶尔丹又成了大清的心头之患。朕现在是越来越清楚了,大清的心头之患不在外边,而是在朝廷,就是在这乾清宫!就在朕的骨肉皇子和大臣们当中。咱们这儿烂一点,大清国就烂一片;你们要是全烂了,大清各地就会揭竿而起,让咱们死无葬身之地啊!想想吧,崇祯皇帝朱由检,吊死在煤山上才几年啊?忘了!那棵老歪脖子树还站在皇宫后边,天天地盯着你们呢!

朕已经三天三夜没有合眼了,老想着和大伙说些什么,可是话,总得有个头啊。想来想去,只有四个字("正大光明"匾升起)。这四个字,说说容易啊,身体力行又何其难?这四个字,朕是从心里刨出来的,从血海里挖出来的。记着,从今日起,此殿改为正大光明殿!哦……好好看看,你们都抬起头来,好好看看,想想自己,给朕看半个时辰。

(电视剧《康熙王朝》第 45 集)

第四章 新闻播音练习

第一节 理论提示

新闻播音工作是播音员主持人最主要的工作内容之一。"新闻立台"已成为各级广播电视机构的办台宗旨,新闻播音质量不仅直接影响宣传效果,也成为衡量电台、电视台水平的重要参考。提高新闻播音水平,需要注意以下几点。

一、理解新闻稿件

新闻播音最基本的要求是把播报的内容说清楚。说清楚的前提是理解新闻稿件。一般来讲,拿到稿件后不要急着去读,而要通过默读对稿件内容有一个全面了解。了解了新闻的背景、态度、分寸、目的、意义后,必要时还应查找资料对内容进行进一步的掌握。特别是对一些专有名词,如数字货币、LPR、新三板、保护主义、远程医疗等,一定要了解清楚。理解稿件不仅要了解播报内容本身,更要了解其精神实质,做到言之有物、言之有情。

二、熟知新闻稿件写作特点

加深对新闻的认识,掌握新闻写作的特点,有利于快速理解稿件、处理稿件。

新闻是媒体对生存环境新近发生的重要变动状态的描述。[①] 现如今,人们对新闻的关注达到前所未有的高度。客观、准确、快速、有价值、简洁是新闻的特点。新

---

① 高钢.新闻报道教程[M].北京:高等教育出版社,2010:34.

闻稿件一般由导语、主体、结尾三部分组成,当然有些稿件并没有严格按照这样的模式写作。一般来讲,导语部分要播得醒目,激发受众进一步收听收看的愿望;主体部分要播得深入细致,将新闻背景、来龙去脉有层次地讲清楚;结尾部分要收束得平稳自然。

三、明晰不同类别播报样式异同

新闻播音分为宣读式、播报式和谈话式三种语言样式。宣读式一般播报公告、命令、法令等正式文件,规整性要求严格,适用范围较小,在播读时要求庄重大方,严谨规范,节奏平稳。播报式是新闻播音中最常用的语言样式,适用范围广,语言规整简洁,流畅自如,既带有报告新闻的振奋、准确和简练,又保留自然语式自如的曲线运动。谈话式又叫说新闻、聊新闻,一般适用于民生新闻及社会新闻。播音员在阅读分析、记忆原新闻稿件、明了事实之后,需要重新编排内容、组织语言,有时还要把新闻内容转换为口语化播报并加以评论。播报时要求亲切自如,表现多样化,富有个性。

四、加强稿件内部处理能力

新闻播音的语言特点是准确清晰、朴实无华、简洁明快、流畅自如。具体处理新闻稿件时,应着重从以下几个方面加以把握。

(一)层次

新闻稿件都有层次划分,有的层次通过不同段落来体现,有的层次隐藏在具体段落内部。备稿时,要从稿件整体出发,划分清楚层次。在播读中利用停连、起伏、语气转换等方式将层次体现出来。注意稿件内部层次中也有主次之分,对重要内容可通过放慢语速、扬起语势、加重语气等方式加以强调,对一般内容可通过加快语速、放平语势等方式处理。

(二)数字

新闻稿件中时常会有数字出现,数字作为最准确的表达方式,能使新闻更明白、精确,更有说服力。在把数字读清楚的前提下,还要在充分理解的基础上将其内涵读出来。明确播报的数字是喜还是忧,要根据新闻内容赋予数字一定的感情色彩,使受众了解数字的真正含义。同时注意数字的对比,找准有价值的数字加以强调,使语言表达重点突出、简洁明快。

(三)停连

新闻稿件中的一些句子比较长,不恰

当的停连会使语意不明确甚至出错。在备稿时应将语句梳理清楚,明确语意及语法关系,进而将语句内部关系播清楚,语句目的播鲜明。处理长句子时,首先要安排好气口,在整体平稳顺畅的基础上运用"偷气""就气"等方式快速轻巧地换气。其次要找准语句重音,重音要少而精,过多会导致语句目的不明确,影响语流的通畅自如。

(四)态度

新闻具有客观性,但是新闻报道不可能是纯客观的。对于播音员主持人来说,要读懂新闻实质,明确新闻是肯定还是否定,是赞同还是反对,在客观中显示出倾向性。同时,还要在把握总体态度的前提下处理好具体语句的火候分寸,以达到准确无误、鲜明生动的宣传效果。

第二节　实例练习

习近平接受外国新任驻华大使递交国书

国家主席习近平 28 日下午在人民大会堂接受 10 国新任驻华大使递交国书。

8 月底的北京,秋高气爽。人民大会堂北门外,礼兵整齐分列,号手吹响迎宾号角。新任驻华使节们陆续抵达,沿着红地毯拾级而上,进入北京厅,依次向习近平递交国书。习近平同他们握手并合影留念。这 10 位新任驻华大使是:马里驻华大使达科、莱索托驻华大使塞特纳尼、巴基斯坦驻华大使哈什米、卡塔尔驻华大使杜希米、澳大利亚驻华大使傅关汉、津巴布韦驻华大使切东多、爱沙尼亚驻华大使温康德、马来西亚驻华大使努西尔万、马尔代夫驻华大使阿兹玛、几内亚驻华大使杜尔。

习近平欢迎各国使节来华履新。习近平指出,中国高度重视发展同各国友好关系,愿同各国增进政治互信,深化务实合作,共建"一带一路",造福各国人民。中国政府将为各国使节履职提供便利和支持,希望使节们为深化中国同各国友谊、推动双边关系发展发挥积极作用。

使节们转达了各自国家领导人对习近平的亲切问候,热烈祝贺中华人民共和国成立70周年,高度评价新中国成立70年来取得的辉煌成就以及为世界和平发展事业作出的巨大贡献。他们表示,各国期待同中国加强交往与合作,将积极参与共建"一带一路"。他们对出使中国深感荣幸,将为推动各自国家同中国双边关系发展作出积极努力。

习近平还接受了新任联合国系统驻华协调员罗世礼递交委任书。习近平强调,中国支持多边主义,支持联合国发挥更大作用。

王毅参加上述活动。

(《新闻联播》2019年8月28日)

北斗三号:一流的北斗 创新的服务

国务院新闻办公室今天(8月3日)上午举行新闻发布会,邀请相关负责人介绍北斗三号全球卫星导航系统建成开通情况。据介绍,目前,北斗系统定位精度达到预期标准,已经全面服务交通运输、救灾减灾、城市治理等行业,融入电力、金融、通信等国家核心基础设施建设。

北斗三号工程提前半年完成了全球星座部署,并开通全系统服务。根据测算,北斗三号全球范围定位精度优于10米、测速精度优于0.2米/秒、授时精度优于20纳秒、服务可用性优于99%,亚太地区性能更优。

除了精准的定位导航授时服务外,北

斗还可以提供全球短报文通信、区域短报文通信、国际搜救、星基增强、地基增强、精密单点定位共7类服务。在中欧班列运输、京张高铁建设运营、民用航空等方面得到应用。数据显示,10年来我国卫星导航与位置服务产业总体产值年均增长20%以上,2019年达到3450亿元,2020年有望超过4000亿元。

后续,北斗将在确保系统连续、稳定、高可靠运行的同时,与5G、人工智能等新技术融合。同时计划在2035年前建设更加泛在、更加融合、更加智能的国家综合定位导航授时体系,持续推进系统升级换代。

(《新闻联播》2020年8月3日)

全国政协召开网络议政远程协商会
围绕"加强大数据时代个人信息保护"
协商议政 汪洋主持

全国政协10日在京召开网络议政远

程协商会,议题是"加强大数据时代个人信息保护"。中共中央政治局常委、全国政协主席汪洋主持会议并讲话。他强调,要深入学习贯彻习近平总书记关于网络安全和个人信息保护工作的重要指示精神,以发展的眼光和辩证的思维看待大数据时代个人信息保护问题,坚持以人民为中心,坚持政府监管、行业自律、社会参与统筹推进,坚持标本兼治,在提高信息资源利用水平的同时科学有效保护信息安全,让大数据更好服务社会、造福人民。

14位委员与专家在全国政协机关和辽宁、安徽、湖南、贵州5个会场以及通过手机连线方式发言,近120位委员通过移动履职平台发表意见。大家认为,党中央高度重视大数据时代个人信息保护,有关方面做了大量工作,取得了积极成效。但传统个人信息保护制度和方式跟不上互联网广泛普及和数字产业迅猛发展的新形势,相关法律法规不完善、多头监管与监管缺失并存、企业主体责任落实不到位、公民自我保护意识不强等问题较为突出,维护信息安全依然任重道远。

一些委员建议,要加快出台专门的个人信息保护法律,明确个人信息概念、适用对象和权属,明确采集、处理、使用个人信息的程序、规则和相关责任。要加大专项治理力度,重拳打击非法收集、交易、使用个人信息的违法犯罪活动,提高违法违规成本,最大限度挤压网络黑灰产业生存空间。要实施分级分类保护,建立个人信息利用清单,强化对人脸识别、数据爬取等技术应用和"人肉搜索"等行为的监管。要压实企业主体责任,引导企业建立健全内部管控机制,克服重发展轻安全的倾向。要广泛宣传个人信息安全知识、技术和理念,增强公民自我保护意识,不给违法犯罪行为以可乘之机。要加强部门间信息共享和统筹协调,建立统一的个人信息保护监管平台,避免多头执法和重复执法。

全国政协副主席张庆黎、夏宝龙、辜胜阻、邵鸿出席会议。政协委员张英、陈晓红、景亚萍、赖明勇、朱山、吴杰庄、王小川、童国华、王悦群、汪利民、谈剑锋、方来英、崔仑和专家杜跃进作了发言。中央网信办、工业和信息化部、公安部、卫生健康委、市场监管总局等部门负责同志现场作了互动交流。

(《人民日报》2020年1月11日)

终极格斗冠军赛女子草量级
张伟丽成功卫冕

"八角笼里的每一个人都值得尊敬,在这个平台上我们都是武者,我们要给孩子们作出榜样。"这个榜样,张伟丽做到了,北京时间8日中午,在终极格斗冠军赛(UFC)248站比赛中,UFC历史上首位来自中国的世界冠军张伟丽战胜前世界冠军、波兰选手乔安娜·耶德尔泽西克,成功卫冕女子草量级世界冠军。

2019年8月31日,此前只有3场UFC比赛经验的张伟丽在深圳只用了42秒便技术性击倒(TKO)了当时的女子草量级世界冠军、巴西选手杰西卡·安德拉德,从而成为UFC历史上首位来自中国的世界冠军。

本次比赛是张伟丽成为世界冠军后的首场卫冕战。对手乔安娜并非等闲之辈,此前曾5次获得UFC草量级冠军,在身高、臂展等方面,乔安娜也优于张伟丽。比赛开始后,乔安娜也试图利用这一优势,不断通过前踢控制与张伟丽之间的距离以及比赛的节奏。赛后数据也显示,乔安娜共发动了62次有效的腿部打击,总的有效进攻数目也在张伟丽之上。

面对身高臂长的对手,张伟丽敢于迎着对手的进攻回以重击。全场比赛中,张伟丽共给予对手头部多达 106 次有效攻击,她力道十足的拳击也让乔安娜的额头上很快便肿起了大包。经过 5 个回合的鏖战,双方都没能击倒或降服对手,但总共 25 分钟内两名选手共发动了超过 600 次的打击,也使得本场比赛成为 UFC 历史上最为精彩的女子比赛之一。最终,3 名裁判中有两名判定张伟丽获胜,她也以分歧判定的方式成功卫冕。

赛后,张伟丽也献上祝福:"抗击新冠肺炎疫情是全人类的事情,希望我们每个人都要努力,战胜疫情!"本次成功卫冕后,张伟丽将继续征战 UFC 女子草量级比赛。

(《人民日报》2020 年 3 月 9 日)

黎巴嫩贝鲁特港口区爆炸 超百人遇难

黎巴嫩首都贝鲁特的港口地区4日发生强烈爆炸,目前已经造成至少100人遇难、超过4000人受伤,此外还有大量人员下落不明,预计伤亡数字将进一步上升。

爆炸发生在黎巴嫩当地时间4日傍晚,爆炸中心方圆数公里内的房屋玻璃被震碎,大量建筑物受损,有消息称黎巴嫩总统和总理官邸建筑也在爆炸中受损。贝鲁特省省长马尔万·阿布特称,贝鲁特半座城市都受到影响。距贝鲁特大约200公里的塞浦路斯也能听到爆炸声并有震感。

爆炸的具体原因目前还不清楚。黎巴嫩内政部方面称,爆炸可能是由于存放在港口仓库内多年的一批化学品硝酸铵引起。有当地媒体报道称,最初的火势是由仓库修补破洞的焊接作业引发的。

黎巴嫩总统奥恩表示,贝鲁特应立即宣布进入为期两周的紧急状态,相关部门将尽力救治伤者。奥恩表示,多达2750吨的硝酸铵在缺乏必要安全措施的情况下就这样被堆放在贝鲁特的港口区长达六年,这不可接受,相关责任人必将受到最严厉的惩罚。黎巴嫩总理迪亚卜宣布5日为全国哀悼日,并表示黎巴嫩将向国际社会寻求帮助。

(《新闻联播》2020年8月5日)

就原越共中央总书记黎可漂逝世
习近平向越共中央总书记、国家主席阮富仲致唁电

中共中央总书记、国家主席习近平8日向越共中央总书记、国家主席阮富仲致唁电,对原越共中央总书记黎可漂逝世表示沉痛哀悼。全文如下:

惊悉原越共中央总书记黎可漂同志不幸逝世,我代表中国共产党、中国政府、中国人民,并以我个人的名义,向你并通过你向越南共产党、越南政府、越南人民,对黎可漂同志的逝世表示沉痛哀悼,向黎可漂同志家属致以诚挚慰问。

黎可漂同志是越南党和国家老一辈杰出领导人,带领越南人民在越南社会主义建设和革新事业中取得了巨大成就。黎可漂同志也是中国党和人民的亲密同志和朋友,为推动构建"长期稳定、面向未来、睦邻友好、全面合作"的中越关系发展作出了突出贡献。

中方高度重视巩固和发扬中越传统友谊,愿同越方一道,增进政治互信,加强团结合作,推动中越两党两国关系和各自社会主义事业不断取得新的更大发展。我相信,在以总书记同志为首的越共中央坚强领导下,越南社会主义建设事业将取得新成就。

(《人民日报》2020年8月9日)

8部门集中开展网络直播行业专项整治行动

针对网民反映强烈的网络直播"打赏"严重冲击主流价值观等行业突出问题,即日起,国家网信办、全国"扫黄打非"办会同最高人民法院、工业和信息化部、公安部、文化和旅游部、市场监管总局、国家广电总局等部门启动为期半年的网络直播行业专项整治和规范管理行动。

近日,根据群众举报线索并经核查取证,首批依法依规对"皇冠直播"等44款传播涉淫秽色情、严重低俗庸俗内容的违法违规网络直播平台,分别采取约谈、下架、关停服务等阶梯处罚;部署查办了一批利用色情低俗直播内容诱导打赏案例,对"幺妹直播"等平台传播网络低俗直播内容作出行政处罚。

此次集中行动,国家网信办、全国"扫黄打非"办将会同有关部门,坚持标本兼治、管建并举,探索实施网络直播分级分类规范,以及网络直播打赏、网络直播带货管理规则,严厉打击违法违规直播行为,严肃追究相关直播平台责任,进一步营造积极健康的网络直播空间。

(《新闻联播》2020年6月5日)

教育部、国家邮政局发布通知
高考录取通知书须本人当面签收

高校必须使用给据邮件方式寄递,确保寄递全过程可查询、可追溯;邮政企业要开辟高校录取通知书寄递"绿色通道",优先处理、单独封袋,保证寄递时效……近日,教育部和国家邮政局联合印发《关于进一步做好2020年高校录取通知书寄递工作的通知》(简称《通知》),从规范寄递管理、确保精准投递、做好防疫消杀等方面，对各地教育、邮政等部门和高校、邮政企业提出明确工作要求，确保录取通知书寄递的安全、及时、准确。

《通知》指出，要进一步强化运营管理及质量控制，加强安全管控，确保高校录取通知书寄递安全，坚决杜绝录取通知书丢失、损毁等情况发生。要确保精准投递，严格录取通知书投递签收流程，原则上坚持"本人当面签收"，不得投递至智能快件箱（信包箱）、代投自提点、物业或收发室等。此外，高校和邮政企业要严格落实新冠肺炎疫情防控常态化的工作要求，做好录取通知书邮件寄递的防疫消杀工作。

《通知》要求，高校要优化新生服务，完善"绿色通道"入学制度，随录取通知书附送关于学生资助政策的详细介绍，不让一个新生因经济困难而放弃入学。严禁高校、邮政企业在录取通知书邮件内夹寄、夹带与新生报到无关的商业广告等宣传材料,严禁夹寄其他不符合寄递要求的物品,严禁向新生收取录取通知书邮寄费用。

《通知》强调,各省级招委、教育行政部门、邮政管理部门、邮政企业和高校要以对考生高度负责的态度,切实加强组织领导,周密安排部署,制定录取通知书寄递专门工作方案,明确责任分工,加强协调配合,不断提升规范化管理水平。省级教育行政部门要把高校录取通知书寄递工作纳入本地招生录取督查范围。

(《中国教育报》2020年8月4日)

印度客机事故死亡人数升至18人

印度官方8日上午公布的最新消息显示,在7日晚间发生的印度民航客机事故中死亡的人数已上升至18人,伤者中有16人伤势较重。印度民航部门的两个调查小组已抵达事故现场调查事发原因。

印度航空快运公司一架客机7日晚在印度南部喀拉拉邦卡利卡特机场降落时冲出跑道,坠入一条深沟,但没有起火。

印度民航部长普里8日上午接受媒体采访时确认,包括两名飞行员在内的18人遇难,127人在医院继续接受治疗,其他伤者已经出院。他同时确认本架航班共有190人,其中包括184名乘客、4名机组人员和2名飞行员。普里还在采访时表示,飞机降落时当地正在下暴雨,事故可能是由于跑道湿滑造成的。

最新消息显示,飞机上的黑匣子已被找到,事故调查部门将把黑匣子带回德里并恢复飞行数据记录和驾驶舱语音记录,以确定事发原因。

另据报道,目前该航班上的乘客已有两人新冠病毒检测结果为阳性,参与救援的人员可能将接受隔离。

中国驻印度大使馆8日凌晨向媒体确认,没有中国公民在此次事故中伤亡。

(新华网2020年8月8日)

全国妇联授予张桂梅全国三八红旗手标兵称号

全国妇联日前作出决定,授予云南省丽江市华坪女子高级中学党支部书记、校长,华坪县儿童福利院院长张桂梅全国三八红旗手标兵称号。

63岁的张桂梅,几十年如一日坚守滇西深度贫困山区教育事业,为帮助困难家庭孩子通过知识摆脱贫困,创办全国第一所全免费女子高中,使1600多名女孩圆了大学梦,创造了大山里的"教育奇迹"。她义务担任福利院院长近20年,成为130多个孩子的"妈妈"。她长期拖着病体忘我工作,将自己工资、所获奖金和社会捐助诊疗费等 100 多万元全部用于兴教办学,以实际行动兑现"只要还有一口气,就要站在讲台上"的诺言。

决定指出,张桂梅同志把自己的全部身心献给了党、献给了教育事业、献给了贫困山区人民,用实际行动诠释了共产党员不忘初心、牢记使命、永远奋斗的坚定信仰和崇高境界,是新时代中国妇女的优秀代表。

决定号召广大妇女向张桂梅同志学习,学习她对党忠诚、信念坚定的政治品格,学习她人民至上、心有大我的家国情怀,学习她执着奋斗、无私奉献的高尚情操,发扬奋斗精神,强化使命担当,立足岗位建功,为决战决胜脱贫攻坚,实现"两个一百年"奋斗目标贡献巾帼力量。

(《人民日报》2020 年 7 月 25 日)

第 26 届上海电视节白玉兰奖颁奖典礼在沪举行

8月7日晚,由国家广播电视总局、中央广播电视总台和上海市人民政府主办的第26届上海电视节,以一台"白玉兰绽放"的颁奖典礼落下帷幕。

颁奖典礼现场,《长安十二时辰》一举摘得上海电视节国际传播奖、最佳摄影和最佳美术三项大奖。《庆余年》获得最佳编剧和最佳男配角两项大奖,《小欢喜》获得最佳导演和最佳女配角两项大奖。

《老酒馆》的主演陈宝国获得最佳男主角,《少年派》的主演闫妮获得最佳女主角。

《破冰行动》获得最佳中国电视剧奖,《我们走在大路上》获得本届上海电视节组委会特别奖,《都挺好》《长安十二时辰》获得上海电视节国际传播奖。

值得一提的是,在本届上海电视节白玉兰奖项中,首度出现重点视频网站首播电视剧。《长安十二时辰》《庆余年》《鬓边不是海棠红》,这三部热门网播电视剧凭借品质跻身白玉兰奖,与传统的台播电视剧同台竞技。

本届上海电视节围绕决战脱贫攻坚、决胜全面建成小康社会和迎接建党百年两大内容主题,从中央广播电视总台各频道、频率、网站、新媒体,到上海广播电视台等主流媒体全面开足马力,一大批反映决战脱贫攻坚、决胜全面建成小康社会和迎接建党百年的电视剧、纪录片、综艺、专题节目、广播剧等,正在抓紧策划制作和陆续播映播出。本届电视节于8月3日至8月7日在上海举行。

(央视网 2020 年 8 月 8 日)

抓住大机遇 建好大湾区

"珠三角"一张蓝图绘到底,粤港澳深化合作展新机。建设粤港澳大湾区是习近平总书记亲自谋划、亲自部署、亲自推动的国家战略,是新时代推动形成全面开放新格局的新举措,也是推动"一国两制"事业发展的新实践。《粤港澳大湾区发展规划纲要》正式公开发布,这份纲领性文件对粤港澳大湾区的战略定位、发展目标、空间布局等方面作了全面规划,一个富有活力和国际竞争力的一流湾区和世界级城市群将在不懈奋斗中一步步化为现实。

建设粤港澳大湾区是立足全局和长远发展作出的重大谋划。作为我国开放程度最高、经济活力最强的区域之一,粤港澳大湾区在国家发展大局中具有重要战略地位。40年改革开放,粤港澳大湾区经济实力、区域竞争力显著增强,已具备建成国际一流湾区和世界级城市群的基础条件。按照规划纲要,粤港澳大湾区不仅要建成充满活力的世界级城市群、国际科技创新中心、"一带一路"建设的重要支撑、内地与港澳深度合作示范区,还要打造成宜居宜业宜游的优质生活圈,成为高质量发展的典范。推动粤港澳大湾区建设,有利于贯彻落实新发展理念,为我国经济创新力和竞争力不断增强提供支撑;有利于进一步深化改革、扩大开放,建立与国际接轨的开放型经济新体制,建设高水平参与国际经济合作新平台。

建设粤港澳大湾区是保持香港、澳门长期繁荣稳定的重大决策。40年改革开放是香港、澳门同内地优势互补、一起发展的历程,也是香港、澳门日益融入国家发展大局、共享祖国繁荣富强伟大荣光的历程。

香港、澳门融入国家发展大局是"一国两制"的应有之义,是改革开放的时代要求,也是香港、澳门探索发展新路向、开拓发展新空间、增添发展新动力的客观要求。打造粤港澳大湾区,将进一步丰富"一国两制"实践内涵,为港澳经济社会发展以及港澳同胞到内地发展提供更多机会,保持港澳长期繁荣稳定。大湾区建设要在"一国两制"框架内严格依照宪法和基本法办事,坚守"一国"之本,善用"两制"之利,进一步建立互利共赢的区域合作关系,为港澳发展注入新动能,拓展新空间。

　　建设好粤港澳大湾区,关键在创新。大湾区是在一个国家、两种制度、三个关税区、三种货币的条件下建设的,国际上没有先例。要从实现中华民族伟大复兴的战略高度、新时代推动全面开放新格局的战略高度深刻认识大湾区建设的重大意义,解放思想、积极探索、大胆尝试,发挥先行先试作用,勇于解决与发展不适应的体制机制障碍和法规制度束缚。在"一国两制"框架下,发挥粤港澳综合优势,创新体制机制,促进要素流通,推动大湾区内各城市合理分工、功能互补,提高区域发展协调性,促进城乡融合发展。注重用法治化市场化方式协调解决大湾区合作发展中的问题,让创新的动力充分涌流,让市场主体活力充分展现。

"来而不可失者,时也;蹈而不可失者,机也。"粤港澳大湾区建设是港澳培育新优势、发挥新作用、实现新发展、作出新贡献的重大机遇,是广东改革开放的大机遇、大文章。粤港澳三地要抓住机遇、乘势而上,高起点高质量建设大湾区,创造更加美好的生活,为中华民族伟大复兴谱写新篇章。

(《人民日报》2019年2月19日)

民生实事 莫沉迷于"数字突破"

"近半居民已有家庭医生""重点人群家庭医生签约率已达70%"……最近,不少省市有关家庭医生的好消息让人备感振奋。然而,有人也发出质疑之声:为何家庭医生签约率如此之高,自己却没享受到家庭医生服务?南京一家媒体23日的报道解开了这个谜团:一个医生往往要完成几千个居民的签约,目前所谓签约率只是一个数字概念,实质内容非常有限。

推进家庭医生签约服务,是一件惠民实事。去年6月,国务院医改办、国家卫生计生委等6部门就此联合制定指导意见,提出了具体要求。随后,全国各地闻令而行,努力推进,这项工作已经取得不少成效,很多地方取得"突破性"进展。不过,在肯定成绩的同时,听听公众的切身感受,看看媒体的深入调查,我们也要警醒——有些"突破"恐怕只是"数字突破"。如果数字失准、失真,一些关于民生实事的"数字突破"即使看起来再美,也难以给群众带来实实在在的获得感。

　　这个问题,很有普遍性。近年来,从就业率到人均年收入,从房价指数到空气质量优良天数……不少地方政府公布的民生数字,与老百姓的切身感受有着较大落差。因此,有人开玩笑自己"被就业",也有人感慨自己"收入拉了大家后腿"。诚然,数据统计的天然缺陷,比如统计方法、统计口径的问题,平均数掩盖大多数、抽象数字难以反映具体诉求的问题,使"数字突破"难免有"误差"。但公众对民生实事上的"数字突破"缺少认同,绝不是"误差"造成的。对客观因素导致的"误差",公众可以接受。公众反感和忧虑的,是人为制造的"数字突破",以及对"数字突破"的自娱自乐。

失真失准、缺少认同的"数字突破",是"造"出来的,也是"逼"出来的。造,因为数字就是成绩,就是亮点。"人有多大胆地有多大产",注了水的数字更加光鲜,更加引人关注。逼,因为数字就是指标,就是考核。一些部门习惯于"年初简单压指标、年末向下要数字",在乎的是数字的"大与小",而不是"真与假"。

关乎民生实事的每个数字,都应是沉甸甸的。须知,数字是干出来的,不是造出来的,也不是规划出来的。数字会说话。它说出的,不仅是工作成绩,也是工作作风。看"数字突破",我们既关注它的"量",也关注它的"质";既听提供者的"一家之言",也听参与者的"众家之言"。以现实为基、因实干而成的"数字突破",尊重规律、经得起检验的"数字突破",才是更真实可信、真切可感的成绩,才是更有含金量、更造福群众的成绩。尤其是民生领域的一些新探索、新改革,要循序渐进做"加法",切不可患上"数字焦躁症",追求所谓"乘数效应""几何级增长"。

做好民生实事,切莫追求掺水的所谓"数字突破"。对此,省领导提出了明确要求。在部署脱贫攻坚任务时,省委书记李强就强调,要防止"两种倾向":一种是数字脱贫。不能搞"垒大户""堆盆景",更不能在数字上"注水",贫困户"假脱贫""被脱贫"。一种是超越实际。要从实际出发,不要层层加码,不要搞到力所不及、力不从心。唯有坚持这样的"数字观""政绩观","突破"才能不只停留在统计报表上,各项民生实事才能真正落在地上,办在群众的心上。

(《新华日报》2017年2月24日)

《新闻联播》完整播出稿

男口播:各位观众晚上好!

女口播:晚上好!

男口播:今天是5月23日,星期六,农历闰四月初一,欢迎收看《新闻联播》节目。

女口播:今天节目的主要内容有:

男口播:习近平在看望参加政协会议的经济界委员时强调:坚持用全面、辩证、长远眼光分析经济形势,努力在危机中育新机、于变局中开新局。汪洋参加看望和讨论。

女口播:内蒙古代表团人大代表表示,一定落实好习近平总书记参加审议时提出的要求,把以人民为中心的发展思想落实到各项决策部署和实际工作之中。

男口播:李克强参加广西代表团审议。

女口播:李克强、栗战书、汪洋、王沪宁、赵乐际、韩正分别看望出席全国政协十三届三次会议委员,并参加讨论。

男口播:全国人大代表、政协委员继续分组审议和讨论政府工作报告。

女口播:港区代表、委员表示,全国人大会议涉港议程将有效防控国家安全风险,维护香港长治久安。

男口播:多国人士表示,中国两会为中国和世界发展凝聚力量。

女口播:各位观众,今天的《新闻联播》节目大约需要50分钟,以下来看详细报道。

【配音】中共中央总书记、国家主席、中央军委主席习近平5月23日上午看望了参加全国政协十三届三次会议的经济界委员,并参加联组会,听取意见和建议。他强调,要坚持用全面、辩证、长远的眼光分析当前经济形势,努力在危机中育新机、于变局中开新局,发挥我国作为世界最大市场的潜力和作用,明确供给侧结构性改革战略方向,巩固我国经济稳中向好、长期向好的基本趋势,巩固农业基础性地位,落实"六稳""六保"任务,确保各项决策部署落地生根,确保完成决胜全面建成小康社会、决战脱贫攻坚目标任务,推动我国经济乘风破浪、行稳致远。

中共中央政治局常委、全国政协主席汪洋参加看望和讨论。

联组会上,王一鸣、刘旗、刘永好、胡晓炼、杨成长等5位委员,围绕发挥新就业形态积极作用、特色生态资源转化为脱贫攻坚发展优势、民营企业化危为机、发挥金融支持实体经济作用、以新视角制定"十四五"规划等作了发言。

习近平在听取大家发言后发表重要讲话。他表示,来看望全国政协经济界的委员,参加联组讨论,感到十分高兴。

习近平强调,要科学分析形势、把握发展大势,坚持用全面、辩证、长远的眼光看待当前的困难、风险、挑战,积极引导全社会特别是各类市场主体增强信心,巩固我国经济稳中向好、长期向好的基本趋势。

习近平指出,我国经济正处在转变发展方式、优化经济结构、转换增长动力的攻关期,经济发展前景向好,但也面临着结构性、体制性、周期性问题相互交织所带来的困难和挑战,加上新冠肺炎疫情冲击,目前我国经济运行面临较大压力。我们还要面对世界经济深度衰退、国际贸易和投资大幅萎缩、国际金融市场动荡、国际交往受限、经济全球化遭遇逆流、一些国家保护主义和单边主义盛行、地缘政治风险上升等不利局面,必须在一个更加不稳定不确定的世界中谋求我国发展。要看到,我国经济潜力足、韧性强、回旋空间大、政策工具多的基本特点没有变。我国具有全球最完整、规模最大的工业体系、强大的生产能力、完善的配套能力,拥有1亿多市场主体和1.7亿多受过高等教育或拥有各类专业技能的人才,还有包括4亿多中等收入群体在内的14亿人口所形成的超大规模内需市场,正处于新型工业化、信息化、城镇化、农业现代化快速发展阶段,投资需求潜力巨大。公有制为主体、多种所有制经济共同发展,按劳分配为主体、多种分配方式并存,社会主义市场经济体制等社会主义基本经济制度,既有利于激发各类市场主体活力、解放和发展社会生产力,又有利于促进效率和公平有机统一、不断实现共同富裕。面向未来,我们要把满足国内需求作为发展的出发点和落脚点,加快构建完整的内需体系,大力推进科技创新及其他各方面创新,加快推进数字经济、智能制造、生命健康、新材料等战略性新兴产业,形成更多新的增长点、增长极,着力打通生产、分配、流通、消费各个环节,逐步形成以国内大循环为主体、国内国际双循环相互促进的新发展格局,培育新形势下我国参与国际合作和竞争新优势。

习近平强调,现在国际上保护主义思潮上升,但我们要站在历史正确的一边,坚持多边主义和国际关系民主化,以开放、合作、共赢胸怀谋划发展,坚定不移推动经济全球化朝着开放、包容、普惠、平衡、共赢的方向发展,推动建设开放型世界经济。同时,要牢固树立安全发展理念,加快完善安全发展体制机制,补齐相关短板,维护产业链、供应链安全,积极做好防范化解重大风险工作。

习近平指出,到 2020 年确保我国现行标准下农村贫困人口实现脱贫、贫困县全部摘帽、解决区域性整体贫困问题,是我们党对人民、对历史的郑重承诺。目前,全国还有52个贫困县未摘帽、2707个贫困村未出列、建档立卡贫困人口未全部脱贫。虽然同过去相比总量不大,但都是贫中之贫、困中之困,是最难啃的硬骨头。我们要努力克服新冠肺炎疫情带来的不利影响,付出更加艰辛的努力,坚决夺取脱贫攻坚战全面胜利。

习近平强调,做好"六稳"工作、落实"六保"任务至关重要。"六保"是我们应对各种风险挑战的重要保证。要全面强化稳就业举措,强化困难群众基本生活保障,帮扶中小微企业渡过难关,做到粮食生产稳字当头、煤电油气安全稳定供应,保产业链供应链稳定,保障基层公共服务。同时,要在"稳"和"保"的基础上积极进取。

习近平指出,对我们这样一个有着14亿人口的大国来说,农业基础地位任何时候都不能忽视和削弱,"手中有粮、心中不慌"在任何时候都是真理。这次新冠肺炎疫情如此严重,但我国社会始终保持稳定,粮食和重要农副产品稳定供给功不可没。总的来说,我国农业连年丰收,粮食储备充裕,完全有能力保障粮食和重要农产品供给。新形势下,要着力解决农业发展中存在的深层次矛盾和问题,重点从农产品结构、抗风险能力、农业现代化水平上发力。要保障粮食等主要农产品生产供给,强化"米袋子"省长负责制考核,加强粮食市场价格监测和监管,加快推动"藏粮于地、藏粮于技"战略落实落地。要稳住猪肉等农副产品价格,落实生猪生产省负总责要求,持续抓好非洲猪瘟等重大动物疫病防控,做好"菜篮子"产品稳产保供。

习近平强调,一分部署,九分落实。各地区各部门各方面对"国之大者"要心中有数,强化责任担当,不折不扣抓好中共中央决策部署和政策措施落实。要加强协同配合,增强政策举措的灵活性、协调性、配套性,努力取得最大政策效应。要转变工作作风,坚持实事求是,尊重客观规律,把更多力量和资源向基层下沉,在务实功、求实效上下功夫,力戒形式主义、官僚主义。

丁薛祥、刘鹤、张庆黎、李斌、何立峰、高云龙等参加联组会。

男口播:22日下午,习近平总书记在参加他所在的十三届全国人大三次会议内蒙古代表团审议时强调,中国共产党根基在人民、血脉在人民。党团结带领人民进行革命、建设、改革,根本目的就是为了让人民过上好日子。大家表示,落实总书记要求,一定要把以人民为中心的发展思想落实到各项决策部署和实际工作中去。

【配音】内蒙古团的代表用热烈的掌声欢迎总书记的到来。全国人大代表、乌兰察布市市长费东斌向总书记汇报了当地脱贫攻坚情况。

费东斌告诉总书记,乌兰察布还有脱贫不稳定户、边缘户2.1万人,现在大家正铆足劲致富奔小康。今天,记者来到乌兰察布甲力汉村,虽然北国的天气还有点凉,但村民已经忙活着种洋葱。

全国人大代表、锡林郭勒盟盟长霍照良告诉总书记,他们坚持生态优先,将全盟60%以上区域划入生态保护红线。

今天的锡林郭勒大草原正下着雨,草原上的老煤矿——胜利煤矿工人正冒雨植树,修复矿山。

从2014年至今,习近平总书记两次到内蒙古考察,三次参加内蒙古代表团审议,一直关注着内蒙古大草原。

最后,总书记作了发言。他指出,我们党没有自己特殊的利益,党在任何时候都把群众利益放在第一位。在重大疫情面前,我们一开始就鲜明提出把人民生命安全和身体健康放在第一位。人民至上、生命至上,保护人民生命安全和身体健康可以不惜一切代价。

总书记在发言中特别提到了一位87岁的老人,身边10来个医护人员精心呵护几十天,终于挽救了老人生命。今天,记者见到了正在接受医生随访的这位87岁的老人。

总书记强调,必须把为民造福作为最重要的政绩。我们推动经济社会发展,归根到底是为了不断满足人民群众对美好生活的需要,努力让群众看到变化、得到实惠。

总书记强调，我们党要做到长期执政，就必须永远保持同人民群众的血肉联系，始终同人民群众想在一起、干在一起、风雨同舟、同甘共苦。大家表示，一定要落实好总书记要求，坚持人民至上，让人们过上好日子。

女口播：本台今天播发央视快评《坚持人民至上 不断造福人民》。

【配音】中共中央政治局常委、国务院总理李克强23日上午来到他所在的十三届全国人大三次会议广西代表团，同代表们一起审议政府工作报告。李克强在发言中说，在以习近平同志为核心的党中央坚强领导下，广西与全国一样攻坚克难，疫情防控有力有效，经济社会发展和民生改善取得新成绩。

李克强说，今年我国发展面临的困难挑战前所未有。要坚持以习近平新时代中国特色社会主义思想为指导，统筹推进疫情防控和经济社会发展,扎实做好"六稳"工作,全面落实"六保"任务,走出一条有效应对冲击、实现良性循环的新路子。稳住经济基本盘,尤其要稳就业、保民生、保市场主体。今年扩大财政赤字、发行抗疫特别国债等增加的财政资金要全部用到市县基层,支持稳就业、保民生。要帮扶吸纳就业多的中小微企业、个体工商户渡过难关。支持小商小贩等灵活就业,以微就业支撑大民生。

李克强强调,落实"六保"任务,要坚持深化改革开放。在打破束缚、促进公平竞争、主动服务企业上拿出更多实招,营造市场化法治化国际化营商环境。广西要发挥区位优势,扩大对内对外开放,打造高水平开放合作平台。

李克强指出,要坚持以人为本,织密扎牢基本民生安全网,保障困难群众基本生活。打好深度贫困歼灭战。加快农村基础设施、医疗卫生、生态环保等领域"补短板"。

李克强希望广西深入贯彻习近平总书记对广西工作的重要指示精神,按照党中央、国务院部署,依靠各族群众,凝心聚力抓发展保民生,努力完成全年经济社会发展主要目标任务。

男口播:党和国家领导人李克强、栗战书、汪洋、王沪宁、赵乐际、韩正23日分别看望出席全国政协十三届三次会议的委员并参加分组讨论,同大家共商国是。

【配音】中共中央政治局常委、国务院总理李克强参加了科协、科技界委员联组会。在听取委员发言后,李克强说,在以习近平同志为核心的中共中央坚强领导下,全国上下同心协力,疫情得到有效控制,经济社会发展取得新成绩,科技工作者功不可没,政协委员们作出了积极贡献。要坚持以习近平新时代中国特色社会主义思想为指导,统筹推进疫情防控和经济社会发展工作。科技兴,国家强、人民安。要加强便捷高效检测技术、有效药物、疫苗等攻关,为战胜疫情提供支撑。要提高基础研究水平,以"双创"汇众智,促进企业加强研发,健全机制,推动科技成果尽快转化为生产力,提升产业链供应链保障水平,增强发展新动能。要深化科技领域"放管服"改革,为科技人员潜心探索松绑减负,让更多青年人才挑大梁。

【配音】中共中央政治局常委、全国人大常委会委员长栗战书参加了民建、农工党委员联组会。在听取委员发言后,栗战书说,在以习近平同志为核心的中共中央坚强领导下,疫情防控取得重大战略成果。民建中央、农工党中央自觉贯彻中共中央统一部署,动员各级组织和广大成员积极投身抗疫,作出了重要贡献。栗战书强调,以习近平同志为核心的中共中央高度重视多党合作事业。希望民建、农工党深入学习贯彻习近平新时代中国特色社会主义思想,做自觉接受中国共产党领导、同中国共产党通力合作的亲密友党和好参谋、好帮手、好同事。要积极参与统筹推进疫情防控和经济社会发展工作,在决战决胜脱贫攻坚目标任务、全面建成小康社会的伟大实践中建功立业。

【配音】中共中央政治局常委、全国政协主席汪洋参加了民革、台盟、台联界委员联组会。在认真听取委员发言后,汪洋指出,当前台海形势更趋复杂严峻,但两岸关系基本格局没有改变。要学习领会好习近平总书记在《告台湾同胞书》发表40周年纪念会上的重要讲话精神,贯彻落实好中共中央对台工作决策部署,坚持体现一个中国原则的"九二共识",坚决遏制任何形式的"台独"分裂活动,完善深化两岸融合发展、保障台湾同胞福祉的制度安排和政策措施。民革、台盟、台联是推动两岸关系和平发展的重要力量。委员们要发挥自身优势,多在建言资政和凝聚共识上下功夫,团结引导广大台湾同胞看清时和势、认清利和害、分辨真和伪,共担民族大义、共襄复兴伟业。

【配音】中共中央政治局常委、中央书记处书记王沪宁参加了体育界、医药卫生界委员联组会。在认真听取委员发言后,王沪宁表示,新冠肺炎疫情发生后,习近平总书记亲自指挥、亲自部署,作出一系列重大战略决策,领导全党全国各族人民取得疫情防控阻击战的重大战略成果,取得统筹推进疫情防控和经济社会发展工作的积极成效。医药卫生界许多同志投身抗疫一线,在做好疫病救治、防止疫情扩散、加快疫苗研发等方面作出积极贡献。要按照习近平总书记重要指示精神,改革完善疾病预防控制体系,加强医疗健康关键核心技术攻关。要落实以人民为中心的发展思想,解决体育、医药卫生领域事关群众利益的问题。体育界、医药卫生界委员要为健康中国、体育强国建设贡献智慧和力量。

【配音】中共中央政治局常委、中央纪委书记赵乐际参加了民盟、致公党、侨联界委员联组会。在认真听取委员发言后,赵乐际说,过去一年多来,全国政协坚决贯彻落实以习近平同志为核心的中共中央决策部署,紧扣党和国家中心任务履职尽责,在疫情防控、决战决胜脱贫攻坚、全面建成小康社会等重大任务中发挥了重要作用。当前形势复杂多变,做好今年工作面临诸多困难挑战,希望各位委员胸怀大局、担当作为,持续学懂、弄通、做实习近平新时代中国特色社会主义思想,紧紧围绕统筹推进疫情防控和经济社会发展、做好"六稳"工作、落实"六保"任务等重大决策部署建言资政,把增强"四个意识"、坚定"四个自信"、做到"两个维护"落到行动上。

【配音】中共中央政治局常委、国务院副总理韩正参加了港澳地区全国政协委员联组会。在认真听取委员发言后,韩正表示,香港、澳门回归祖国以来,"一国两制"实践取得举世公认的成功。中央维护"一国两制"的决心和信心始终坚定不移,对香港、澳门繁荣稳定和港澳同胞福祉怀有最大的关切。从国家层面建立健全香港特别行政区维护国家安全的法律制度和执行机制,是中央基于香港局势作出的慎重决策。依法惩治搞"港独""黑暴"等的极少数人,坚决反对外来干涉,是为了维护绝大多数香港市民的合法权益和切身利益,保障香港的长治久安和繁荣稳定。韩正希望各位委员恪尽职守、担当有为,为"一国两制"成功实践继续沿着正确的轨道行稳致远作出更大贡献。

女口播: 参加十三届全国人大三次会议的全国人大代表,今天继续审议政府工作报告。

【配音】中共中央政治局委员、中央外事工作委员会办公室主任杨洁篪在参加辽宁代表团审议时说,完全赞成李克强总理所作政府工作报告。我国对内对外工作取得重大成就,新冠肺炎疫情防控阻击战取得重大战略成果,根本在于以习近平同志为核心的党中央坚强领导。我坚决拥护建立健全香港特别行政区维护国家安全的法律制度和执行机制。

中共中央政治局委员、国家监委主任杨晓渡在参加甘肃代表团审议时说，完全赞成政府工作报告。我们要坚持以习近平新时代中国特色社会主义思想为指导，认真贯彻中央要求、坚决抓好落实，以实际行动践行"两个维护"，以有力有效的举措为完成决战决胜脱贫攻坚目标任务、全面建成小康社会提供坚强保障。

中共中央政治局委员、中组部部长陈希在青海代表团参加审议。他说，去年以来经济社会发展和今年疫情防控取得的成绩，根本的是有以习近平同志为核心的党中央坚强领导。完全赞成政府工作报告。做好今年工作，要深入学习贯彻习近平新时代中国特色社会主义思想，增强"四个意识"、坚定"四个自信"、做到"两个维护"，奋力夺取疫情防控和经济社会发展"双胜利"。

中共中央政治局委员、新疆维吾尔自治区党委书记陈全国在参加新疆代表团审议时说,要以习近平新时代中国特色社会主义思想为指导,增强"四个意识"、坚定"四个自信"、做到"两个维护",深入贯彻新时代党的治疆方略,在常态化疫情防控前提下,推动经济高质量发展,保持社会大局和谐稳定,决战决胜脱贫攻坚、全面建成小康社会。

中共中央政治局委员、重庆市委书记陈敏尔在参加重庆代表团审议时说,完全赞成政府工作报告。经过艰苦卓绝努力,疫情防控阻击战取得重大战略成果,恢复经济社会秩序取得积极成效。最重要的是有以习近平同志为核心的党中央的强大领导力,有中国特色社会主义制度的巨大优越性。重庆市将推动成渝地区双城经济圈建设,培育高质量发展重要增长极。

中共中央政治局委员、国务院副总理胡春华在参加湖南代表团审议时说,政府工作报告贯彻习近平新时代中国特色社会主义思想,主题鲜明、内容全面,是一个实事求是、凝心聚力的好报告,我完全赞成。要坚持以习近平新时代中国特色社会主义思想为指导,按照党中央、国务院决策部署,做好"六稳"工作,落实"六保"任务,全力克服疫情影响,坚决打赢脱贫攻坚战,抓好农业生产,维护就业大局稳定。

中共中央政治局委员、中央政法委书记郭声琨22日参加云南代表团审议时说,在以习近平同志为核心的党中央坚强领导下,我国发展取得显著成就。完全赞成政府工作报告。我们要以习近平新时代中国特色社会主义思想为指导,增强"四个意识"、坚定"四个自信"、做到"两个维护",防范化解风险,建设更高水平的平安中国、法治中国，为全面建成小康社会提供有力保障。

【配音】解放军和武警部队代表团22日下午分组审议政府工作报告。

中共中央政治局委员、中央军委副主席许其亮在参加小组审议时说，以习近平同志为核心的党中央在成功应对一系列风险挑战中，赢得全党全军全国人民衷心信赖和拥戴，全军要进一步增强"四个意识"、坚定"四个自信"、做到"两个维护"，贯彻军委主席负责制，在思想上、政治上、行动上始终与党中央、中央军委和习主席保持高度一致，深化练兵备战，坚决完成党和人民赋予的新时代使命任务。

中共中央政治局委员、中央军委副主席张又侠在参加小组审议时说，去年以来党、国家和军队建设取得来之不易的重大成就，根本在于有习主席作为党中央核心、全党核心的掌舵领航。全军要深入贯彻习近平强军思想,坚定自觉贯彻落实习主席决策指示,统筹推进军队建设改革发展各项工作,确保实现既定目标任务。要服务党和国家工作大局,为维护安全守住底,为经济发展强动能。

男口播: 参加全国政协十三届三次会议的委员们在讨论政府工作报告时认为,报告体现了以人民为中心的发展思想,彰显了党和政府的执政理念,为决胜全面建成小康社会注入了新动力。

【配音】全国政协副主席刘奇葆在参加新闻出版界小组讨论时说,在当前复杂变化的形势下,政协委员要更加紧密地团结在以习近平同志为核心的党中央周围,紧扣党和国家中心任务履职尽责,积极贡献政协智慧和力量。

全国政协副主席卢展工在参加医卫界

小组讨论时说,抗击新冠疫情取得重大战略成果,凸显了习总书记作为党和国家的领导核心,应对重大危机的政治智慧和责任担当,凸显了中国的制度优势和以人民为中心的发展理念。

全国政协副主席马飚在参加中共界小组讨论时说,在以习近平同志为核心的党中央坚强领导下,我国疫情防控阻击战取得重大战略成果。习近平总书记亲自指挥、亲自部署,为打赢这场疫情防控战提供了根本保证。

全国政协副主席陈晓光在参加民盟界小组讨论时说,民盟要始终坚持以习近平新时代中国特色社会主义思想为指导,围绕疫情防控常态化、加强"六稳""六保"、全面建成小康社会等重点工作咨政建言,更好履行参政党职能。

全国政协副主席梁振英在参加特邀香

港人士委员小组讨论时说,坚决支持从国家层面建立健全香港特别行政区维护国家安全的法律制度和执行机制,港区全国政协委员要积极作为,做好香港青年工作,推动香港与内地深化合作。

女口播:多名港区代表委员表示,从国家层面建立健全香港特别行政区维护国家安全的法律制度和执行机制,将有效防控国家安全风险、维护香港长治久安。

【配音】港区全国人大代表和港区全国政协委员热议全国人大会议涉港议程,并分别发表声明表示,建立健全香港维护国家安全的法律制度和执行机制是维护香港繁荣稳定、确保"一国两制"行稳致远的当务之急。

2019年"修例风波"发生以来,"港独"组织和激进分离势力的违法行径给香港社会带来巨大伤害。全国人大此次决定合乎法理,将更好地保障香港高度自治及香港居民的基本权利和自由,有利于香港社会尽快回到正轨。

男口播:香港社会各界表示,建立健全香港特别行政区维护国家安全的法律制度和执行机制,将有效打击损害国家主权安全的恶行,为维护香港繁荣稳定、保障广大市民福祉提供关键支撑。

【配音】香港特区行政长官林郑月娥22日晚在特区政府总部表示,国家安全是每个国家和地方的头等大事以及市民安居乐业的基础,特区政府支持全国人大审议从国家层面建立健全香港特区维护国家安全的法律制度和执行机制的决定草案。

十三届全国人大三次会议香港代表团22日发表声明,坚决拥护和全力支持建立健全香港特别行政区维护国家安全的法律制度和执行机制。声明指出,回归近23年来,香港基本法第23条立法迟迟没有完成,维护国家安全的法律制度和执行机制存在明显漏洞,危害国家安全的各类活动愈演愈烈。改变香港国家安全领域长期"不设防"状况已经刻不容缓。

廖长江、李慧琼和叶刘淑仪等41位香港特区立法会议员22日发表联合声明表示,作为国家最高权力机关,全国人民代表大会有宪制权力和必然责任维护国家及人民安全,而这责任必须落实至国家领土内任何一个角落,包括香港。

【配音】国家卫生健康委今天通报了新冠肺炎疫情最新情况。截至5月22日24时,31个省(区、市)和新疆生产建设兵团报告现有确诊病例79例,其中境外输入确诊病例41例;当日无新增确诊病例,5月22日0—24时,新增接受医学观察的无症状感染者28例。5月22日全国无新增报告确诊病例,为1月16日以来首次,新增无症状感染者连续3天接近或超过30例。

女口播: 再来看一组联播快讯。

【配音】记者从北京市住建委获悉,今年北京市有300项重点工程,涵盖基础设施、民生改善和高精尖产业项目,其中计划新建120项,力争年底竣工78项,本年度计划完成投资2523亿元。

【配音】今天,500辆智能电动车从江西上饶起运发往欧盟国家,这是目前江西最大规模的新能源汽车出口。应对疫情,江西出台稳定外贸增长10条政策措施,1—4月全省外贸进出口1224.7亿元,同比增长20%。

【配音】今天,云南大理至临沧铁路重点工程全长6641米的茂兰隧道贯通。位于高烈度地震区的爱华隧道也在今天贯通。大临铁路是中缅国际铁路通道的重要组成部分,目前全线工程已完成90%以上,预计明年建成通车。

【配音】昨天,满载援建物资的49074次中欧班列从西安新筑车站出发,驶向尼泊尔首都加德满都,这是陕西首趟开往南亚国家的货运班列。该班列采取公铁联运的方式,预计8天左右运抵目的地。

【配音】三集电视专题片《决战脱贫在今朝》今晚在中央广播电视总台央视综合频道黄金时间播出第三集《一个都不能少》。本集聚焦精准扶贫,关注困难群众"两不愁三保障"问题的解决,真实记录云南、山西等地在义务教育、基本医疗、住房安全等薄弱环节作出的积极努力,展现了脱贫攻坚事业"一个都不能少"的决心。

【配音】今天是第7个中国文艺志愿者服务日,中国文联推出《坚信爱会赢——文艺界"以艺战疫"5·23特别节目》,文艺志愿者分别在北京和武汉与疫情中无私奉献的医护人员、基层服务人员、社区志愿者们同台演出,展现抗疫期间创作的优秀文艺作品。

男口播: 多国人士表示,中国两会传递出中国在防控疫情同时发展经济的决心,相信中国经济会稳步恢复活力,提振世界经济复苏的信心。

【配音】海外政学界人士表示,过去一年中国经济实现平稳增长,虽受到疫情影响,但相信中国可以将疫情对经济发展的影响降到最低,这对世界也有重要意义。

多国人士表示,面临疫情带来的困难,中国仍坚定地把实现脱贫攻坚目标作为主要任务之一,中国始终坚持以人民为中心,是必须学习的榜样。

【配音】世界卫生组织总干事谭德塞22日表示,全球累计新冠肺炎确诊病例已超过500万例,凸显全球相互学习、团结抗疫的重要性。世卫组织卫生紧急项目负责人迈克尔·瑞安当天表示,南美地区已经成为全球新冠肺炎"大流行"的新"震中",其中受影响最严重的是巴西。目前,巴西累计确诊病例超过33万例,仅次于美国,为全球病例数第二多的国家。

截至北京时间今天16时,美国累计新冠肺炎确诊病例升至1 601 434例,死亡病例为96 007例。

女口播:再来看一组国际快讯。

【配音】俄罗斯外交部副部长里亚布科夫22日表示,美方当天向俄方提交照会称,决定启动退出《开放天空条约》的相关程序,这将对欧洲的军事安全体系构成威胁。里亚布科夫说,美方指责俄方违约没有根据,俄罗斯将继续履行条约。

【配音】22日,巴基斯坦国际航空一架

空客 A320 客机在卡拉奇一个居民区附近坠毁。巴基斯坦卫生部门 23 日表示,机上有 2 人幸存,另有 97 人遇难。这架客机原计划从巴基斯坦拉合尔飞往卡拉奇,在飞行员向机场控制中心报告出现技术故障后不久坠毁。坠机具体原因还有待调查。

【配音】俄罗斯国家原子能公司 22 日发表声明说,世界首座浮动核电站"罗蒙诺索夫院士"号当天在俄远东投入商业运营。这一核电站主要功能是为俄罗斯极其偏远地区的工厂、城市及海上天然气、石油钻井平台提供电能。

男口播:今天的《新闻联播》播送完了。

女口播:感谢您收看,再见。

男口播:再见。

(《新闻联播》2020 年 5 月 23 日)

附1 容易读错的字

a

ā za	ān	ái ái	ài
腌臜	谙熟	白雪皑皑	方兴未艾

b

bì	bì	bó	bì
庇护	复辟	稀薄	秘鲁

bìng	bǒ	bò	bǐ
摒弃	颠簸	巨擘	卑鄙

bǔ	bèng bù	biān	bìn
哺育	蚌埠	蝙蝠	殡葬

bì	bāng	biān	bǎi
泌阳	沙家浜	针砭时弊	纵横捭阖

c

cóng	cǔn duó	cuò	cuān
从容	忖度	挫折	蹿红

cáo	chāi	chǎn	cháng
嘈杂	差遣	谄媚	赔偿

chéng	chéng	chěng	chuāng
乘机	惩罚	驰骋	创伤

chuāng	chuò	chuò	chī
重创	啜泣	辍耕	鞭笞

chǐ	chǔ	chì	chù
奢侈	处理	炽热	罢黜

chè	chì chù	chǔ	chì
掣肘	彳亍	处女	白炽灯

chù	chòng	chí	chèng
处所	冲床	汤匙	天秤座

chuò	cuó	chā	
绰号	痤疮	差强人意	

chì zhà	chōng	chè	
叱咤风云	忧心忡忡	风驰电掣	

d

dā	dàng	dìng	dàng
答应	当真	订正	适当

dài	dàng	dī	dòng
逮捕	档案	提防	胴体

diàn	dòng hè	dùn	dí
玷污	恫吓	粮囤	的证

diàn	dàng	dān	duō duō
靛蓝	档次	儋州	咄咄逼人

e

ē yú
阿谀

f

fěi	fēi	fēn	fǔ
菲薄	绯闻	氛围	果脯

fú	féi	fú	fāng
涪陵	蜚声	拂晓	坊间

fū	fú	fù	fén
孵化	符合	复杂	汾酒

fàn	fù	fèn	fèn r
梵语	讣告	分外	气不忿儿

g

gē	gěng r	gōng	gōulóu
干戈	脖颈儿	提供	佝偻

guǎng	guō	gé	guì
粗犷	聒噪	蛤蜊	鳜鱼

gāng	gōng	gèn	gù
扛鼎	女红	横亘	桎梏

gòu	gāo	gū r	guǐ sì
勾当	睾丸	花骨朵儿	癸巳年

guì	gá	gòng	
刽子手	准噶尔	供认不讳	

冠(guān)心病　呱呱(gū gū)坠地

h

哈(hǎ)达　附和(hè)　蛮横(hèng)　豢(huàn)养

膏肓(huāng)　和(huó)面　负荷(hè)　颔(hàn)首

哄(hōng)抢　盘桓(huán)　和(hú)牌　汗(hàn)毛

横(hèng)财　引吭(háng)高歌　沆瀣(hàng xiè)一气

一丘之貉(hé)　飞来横(hèng)祸　一哄(hòng)而散

浑(hún)水摸鱼

j

嫉(jí)妒　忌(jì)妒　慰藉(jiè)　给(jǐ)予

成绩(jì)　事迹(jì)　眼睑(jiǎn)　间(jiàn)断

拮(jū)据　桔(jié)梗　押解(jiè)　针灸(jiǔ)

内疚(jiù)　狙(jū)击　咀嚼(jǔ jué)　矩(jǔ)形

附1 容易读错的字 | 315

jǔ yǔ	juān	juàn	jùn
龃龉	镌刻	隽永	隽秀

jué	jǔ jǔ	jué	jué
角色	蝺蝺	主角	角逐

jūn	jué	jué shuò	jué
菌落	猖獗	矍铄	攫取

jūn	jià sè	jiàn	jiào
龟裂	稼穑	谏言	计较

jì	jiàn	jī	jǐ
鲫鱼	僭越	茶几	脊梁

jiāo	jí	jiàn	jī
姣好	汲取	间隙	通缉

jiā	jīng	jiān	jīng
夹道	腈纶	信笺	粳米

jiāo	jī	jiā	jǐ
蛟龙	体积	夹克	麂子

jiē	jiá	huì	jìng
秸秆	戛然	教诲	靓妆

jǐ jǐ	jiǎo jiǎo	jīn
人才济济	佼佼者	情不自禁

jiù	jǔ	jù
既往不咎	循规蹈矩	前倨后恭

jiē r	jué
节骨眼儿	一蹶不振

k

kě 坎坷	kè hán 可汗	kè 溘然	kē jiù 窠臼
kè 恪守	kǒng zǒng 倥偬	kuì 喟叹	kuài 财会
kā 喀斯特	kàn 鸟瞰	kuàng 框架	kǎ xiě 咯血

| kài 同仇敌忾 | kàng 不卑不亢 | wán kù 纨绔子弟 |

l

lā ta 邋遢	lào 落枕	lè 勒索	lēi 勒紧
léi 羸弱	lí 罹难	liáng 思量	liāo 撩水
liáo 撩拨	liào 瞭望	liè qie 趔趄	lù 绿林
lüè 掠夺	lěi 拖累	lòu 泄漏	lòu 镂雕
lú 棕榈	lí 丽水	līn 拎包	lào 奶酪
líng 令狐	lìn 淋病	láo dao 唠叨	lè 勒口
líng pīng 伶俜	liàn yàn 潋滟	lěi 芭蕾	lóu 佝偻

书声琅(láng)琅　果实累(léi)累　罪行累(lěi)累

量(liàng)入为出

m

阴霾(mái)　埋(mán)怨　耄耋(mào dié)　联袂(mèi)

闷(mēn)热　愤懑(mèn)　静谧(mì)　分娩(miǎn)

酩酊(mǐng dǐng)　荒谬(miù)　牟(móu)取　模(mú)样

牛虻(méng)　抹(mā)桌子　所向披靡(mǐ)

蓦(mò)然回首　扪(mén)心自问　萎靡(mǐ)不振

蒙(mēng)头转向

n

赧(nǎn)报　泥淖(nào)　口讷(nè)　气馁(něi)

拘泥(nì)　亲昵(nì)　泥泞(nìng)　忸怩(niǔ ní)

驽(nú)马　虐(nüè)待　按捺(nà)　木讷(nè)

niù	né	nǎn	nàn
执拗	哪吒	肚腩	刁难

niān 拈花惹草　　nìng 宁死不屈　　nàn 排忧解难

náo náo
呶呶不休

p

pá	pǎi	pāng tuó	piào
扒手	迫击炮	滂沱	骠勇

páo	páo luò	pèn	pēng
炮制	炮烙	喷香	抨击

pī	pǐ	pì	piān
纰漏	洁癖	媲美	扁舟

piāo	piǎo	pò	pú
剽窃	饿殍	糟粕	玉璞

piāo	pò	pī	pō
剽悍	琥珀	坯胎	活泼

piàn	pí xiū	pán	pó
片酬	貔貅	蟠桃	鄱阳湖

piē 惊鸿一瞥　　píng 暴虎冯河　　pǐ 否极泰来

pán 心宽体胖　　pǒ 居心叵测　　pián 大腹便便

风尘仆仆(pú)　一曝十寒(pù)

q

蹊跷(qiao)　祈祷(qí)　颀长(qí)　绮丽(qǐ)

绮户(qǐ)　关卡(qiǎ)　悭吝(qiān)　掮客(qián)

潜伏(qián)　戕害(qiāng)　强迫(qiǎng)　勉强(qiǎng)

襁褓(qiǎng)　翘首(qiáo)　讥诮(qiào)　怯懦(qiè)

惬意(qiè)　衾枕(qīn)　顷刻(qǐng)　亲家(qìng)

曲折(qū)　黢黑(qū)　龋齿(qǔ)　逡巡(qūn)

纤夫(qiàn)　悄然(qiǎo)　甲壳(qiào)　两栖(qī)

缱绻(qiǎn quǎn)　证券(quàn)　迄今(qì)　蜻蜓(qiú qí)

綦江(qí)　沏茶(qī)　祛病(qū)　乐阕(yuè què)

肚脐(qí)　铁锹(qiāo)　休戚与共(qī)

牵强(qiǎng)附会　钳(qián)口结舌　提纲挈(qiè)领
锲(qiè)而不舍　面面相觑(qù)

r

围绕(rào)　荏苒(rěn rǎn)　冗(rǒng)长　仍(réng)然
鸿儒(rú)　妊娠(rèn shēn)　繁文缛(rù)节

s

缫(sāo)丝　堵塞(sè)　怂恿(sǒng yǒng)　弑(shì)君
籁籁(sù sù)　鼻塞(sè)　精髓(suǐ)　结束(shù)
吮(shǔn)吸　禅(shàn)让　讪(shàn)笑　教室(shì)
狩(shòu)猎　倏(shū)忽　束缚(shù fù)　游说(shuì)
舍(shè)利　谥(shì)号　似(shì)的　色(shǎi)子
未遂(suì)　折(shé)本　说(shuō)服力
鬼鬼祟祟(suì)　海市蜃(shèn)楼　舐犊(shì dú)之情

附1 容易读错的字 | 321

有恃(shì)无恐　瞬(shùn)息万变　毛遂(suì)自荐

左邻右舍(shè)　矢(shǐ)口否认

t

体己(tī ji)　孝悌(tì)　倜(tì)傥(tǎng)　轻佻(tiāo)

请帖(tiě)　字帖(tiè)　恸(tòng)哭　馄饨(tun)

台(tāi)州　水獭(tǎ)　丝绦(tāo)　拓(tà)片

饕餮(tāo tiè)　骰(tóu)子　听筒(tǒng)　瞳(tóng)孔

熏陶(táo)　一塌(tā)糊涂　恬(tián)不知耻

千里迢迢(tiáo tiáo)

w

逶迤(wēi yí)　崔嵬(wéi)　龌龊(wò chuò)　斡(wò)旋

魁梧(wu)　圩(wéi)田　迷惘(wǎng)　因为(wèi)

绾(wǎn)结　毋(wú)庸置疑　为虎作伥(wèi ... chāng)

冒天下之大不韪(wěi)　韦(wéi)编三绝

X

蹊(xī)径(jìng)　檄(xí)文　狎(xiá)黠　纤(xiān)维

肖(xiào)像　采撷(xié)　叶韵(xié)　纸屑(xiè)

省(xǐng)亲　星宿(xiù)　削(xuē)弱　自诩(xǔ)

抚恤(xù)　酗(xù)酒　眩晕(xuàn yùn)　煦(xù)暖

炫(xuàn)耀　洞穴(xué)　戏谑(xuè)　驯(xùn)服

噱(xué)头　挟(xié)持　关饷(xiǎng)　川芎(xiōng)

氙(xiān)气　惟妙惟肖(xiào)　屡见不鲜(xiān)

鲜(xiǎn)为人知　徇(xùn)私舞弊　长吁(xū)短叹

相(xiàng)夫教子

y

碾轧(yà)　殷(yān)红　湮(yān)没　筵(yán)席

yǎo	yào	yě	yè
杳然	发疟	陶冶	笑靥

yín	yǐ lǐ	yǐ nǐ	yì
唐寅	迤逦	旖旎	游弋

yì	yì	yì	yì
后裔	造诣	友谊	肄业

yīn	yīng	yìng	yìng
绿荫	应届	应承	应诉

yū	yú	yǔ lǚ	líng yǔ
迂回	愉快	伛偻	囹圄

yù	yù	yuàn yòu	yè
参与	熨帖	苑囿	拜谒

yòng	yān	yè	yuè
佣金	燕郊	参谒	乐清

yōng	yú	yùn	yàng
蔡邕	逾期	晕车	打烊

yí	yǎn	yǒu yǒu	yìng
礼仪	梦魇	黑黝黝	应用文

	yán	yà		yǎn	
百花争妍		揠苗助长		偃旗息鼓	

	yīng	yàng yàng		yǎo	
义愤填膺		怏怏不乐		杳无音信	

	yí		yì		yì
甘之如饴		自怨自艾		奇闻轶事	

良莠(yǒu)不齐　向隅(yú)而泣　年逾(yú)古稀

家喻(yù)户晓　卖儿鬻(yù)女

Z

| 恣(zì)意 | 浸渍(zì) | 载(zài)重 | 憎恶(zēng wù) |

恣(zì)意　浸渍(zì)　载(zài)重　憎恶(zēng wù)

载(zài)体　暂(zàn)时　臧(zāng)否(pǐ)　确凿(záo)

咋(zé)舌　刊载(zǎi)　钻(zuān)探　佐(zuǒ)料

龇(zī)牙　谮(zèn)言　扎(zā)染　扎(zhā)眼

咋(zhā hu)呼　择(zhái)菜　高涨(zhǎng)　涨(zhǎng)价

着(zháo)慌　沼(zhǎo)泽　召(zhào)开　肇(zhào)事

折(zhē)腾　动辄(zhé)　蛰(zhé)伏　缜(zhěn)密

症(zhēng)结　症(zhèng)候　诤(zhèng)友　标志(zhì)

质(zhì)量　对峙(zhì)　中(zhōng)听　挣(zhèng)脱

zhī	zhí zhú	zhūn zhūn	zhòng
脂肪	踯躅	谆谆	中肯

zhòu	zhù	zhuàn	zhuó
压轴	贮藏	撰稿	灼热

zhuó	zhuó	zhě	zhuó
卓越	啄木鸟	百褶裙	穿着

zhí	zhuó	zhuó	zhān bǔ
争执	着落	软着陆	占卜

zhú	zhāng	zuò zuo	zhuō
白术	樟脑	做作	拙劣

zài　　　　　　zài　　　　　　　zhì
载歌载舞　　怨声载道　　博闻强识

　zhì　　　　　　　zhuō
鳞次栉比　弄巧成拙

附2 绕口令、贯口词练习

绕口令是用声、韵、调容易混淆的字词交叉重叠编成的句子。贯口是指曲艺演员以很快的速度唱歌、背诵唱词或连续叙述许多事物。"贯口"的"贯"字,是一气呵成、一贯到底的意思。对于播音员主持人来讲,练习绕口令及贯口词主要是为了强化发音部位,锻炼口齿灵活度以及保持气息持久稳定。

练习绕口令、贯口词时,不要一味地追求语速而囫囵吞枣,要在字正腔圆、语言流畅、情绪饱满、气息平稳、节奏明快的基础上由慢到快进行练习。

1. 四声歌

学好声韵辨四声,阴阳上去要分明;
部位方法须找准,开齐合撮属口形;
双唇班抱必百波,抵舌当地斗点钉;
舌根高狗工耕故,舌面机结教坚精;
翘舌主争真志照,平舌资责早在增;
擦音发翻飞分复,送气查柴产彻称;
合口忽午枯胡鼓,开口河坡哥安争;
撮口虚学寻徐剧,齐齿衣优摇业英;
前鼻恩音烟弯稳,后鼻昂迎中拥生;
咬紧字头归字尾,不难达到纯和清。

2. 数枣

出东门,过大桥,大桥底下一树枣,拿着竿子去打枣,青的多,红的少。一个枣,两个枣,三个枣,四个枣,五个枣,六个枣,七个枣,八个枣,九个枣,十个枣;十个枣,九个枣,八个枣,七个枣,六个枣,五个枣,四个枣,三个枣,两个枣,一个枣。这是一个绕口令,一气儿说完才算好。

3. 十二月花名歌

正月梅花香又香,二月兰花盆里装;
三月桃花红十里,四月蔷薇靠短墙;
五月石榴红似火,六月荷花满池塘;
七月栀子头上戴,八月丹桂满枝黄;
九月菊花初开放,十月芙蓉正上妆;
十一月水仙供上案,十二月蜡梅雪里香。

4. 炊事员

炊事员,不简单,把打字当作立足点。
身在伙房想战场,做饭时间得缩短。
举红旗,乘快马,搞一套快速的做饭法。
每人手拿刀一把,寒冬腊月练刀法。
切出来的萝卜片儿,大小都像梅花瓣儿;
切出来的土豆丝儿,条条都像绣花针儿;
炒出来的真有味儿,顿顿伙食真带劲儿。
这个变化不简单,炊事员也是战斗员。
练好本领准备战,一声令下上前线!

5. 报花名

有君子兰、广玉兰、米兰、剑兰、凤展兰。白兰花、百合花、茶花、桂花、喇叭花、长寿花、芍药花、芙蓉花、丁香花、扶郎花、蔷薇花、桃花、樱花、金钟花。花中之王牡丹花,花中皇后月季花。凌波仙子水仙花,月下公主是昙花。清新淡雅吊兰花,浪漫多彩杜鹃花。芳香四溢茉莉花,金钟倒挂灯笼花。一花先开的金盏花,二度梅,三莲花。四季海棠,四季花,五彩梅,五彩的花。六月雪开的是白花,七星花是个大瓣花。八宝花是吉祥的花,九月菊是仲秋花。日月红、百兰花,千日红本是变色花。万年青看青不看花。

6. 满天星

天上看,满天星。地上看,有个坑。坑里看,有盘冰。坑外长着一老松,松上落着一只鹰,鹰下坐着一老僧。僧前点着一盏灯,灯前搁着一部经,墙上钉着一根钉,钉上挂着一张弓。说刮风,就刮风,刮得那男女老少难把眼睛睁。刮乱了天上的星,刮平了地下的坑,刮化了坑里的冰,刮断了坑外的松,刮飞了松上的鹰,刮走了鹰下的僧,刮灭了僧前的灯,刮乱了墙上的钉,刮翻了钉上的弓。只刮得:星散,坑平,冰化,松倒,鹰飞,僧走,灯灭,经乱,钉掉,弓翻的一个绕口令。

7. 望夜空

望夜空,满天星,光闪闪,亮晶晶。好像那,小银灯,大大小小、密密麻麻、闪闪烁烁、数来数去也数不清。仔细看,看分明,原来那群星分了星座还起了名。按亮度,分了等:一等、二等、三等、四等、五等、六等,一共分六等。谁最亮,是一等;谁最暗,是六等。一等到六等,总共不过六千九百多颗是恒星。星空中,还能看见那大行星和卫星,小行星和彗星,更有那无数无名点点繁星看不清。要想看清它,请你借助现代化的天文望远镜。

8. 十道黑

一道黑,两道黑,三四五六七道黑,八道九道十道黑。我买了个烟袋乌木杆儿,我是掐着它的两头一道黑。二兄弟描眉来演戏,瞧着他的镜子两道黑。粉皮墙上写川字儿,横瞧竖瞧三道黑。象牙桌子乌木的腿儿,把它放在那个炕上四道黑。买了一只母鸡不下蛋,把它搁在那个笼子里捂到黑。挺好的骡子不吃草,把它牵到那个街上遛到黑。买了一头小驴不套磨,给它背上它的鞍鞯骑到黑。小嘎子南洼去割菜,丢了他的镰刀拔到黑。满月儿的小孩儿得了病,团几个艾球灸到黑。卖瓜子儿的打瞌睡,哗啦啦啦撒了那么一大堆,他的扫帚簸箕不凑手,那么一个一个拾——

到——黑!

9. 说马

臣说道,真正的好马,马头就是"王",要正要方;眼睛是"丞相",要神要亮;脊背骨是"将军",要硬要强;肚子是"城池",要宽要张;四条腿是"王的命令",要快要长;两耳像劈开的竹管,尖而刚;皮毛像太阳下的缎子,闪亮光。这样的马,不乱吃、不乱动,骑上去,它不狂奔、不乱跑。但是在宽阔无边的草原上,它驰骋起来,千里万里,像风也似的飞过。在它眼里,没有不能到的地方。这才真是生死可以相托的好马。

10. 报菜名

蒸羊羔,蒸熊掌,蒸鹿尾儿,烧花鸭,烧雏鸡儿,烧子鹅,卤煮咸鸭,酱鸡,腊肉,松花,小肚儿,晾肉,香肠,什锦苏盘,熏鸡,白肚儿,清蒸八宝猪,江米酿鸭子,罐儿野鸡,罐儿鹌鹑,卤什锦,卤子鹅,卤虾,烩虾,炝虾仁儿，山鸡，兔脯，菜蟒，银鱼，清蒸哈什蚂，烩鸭腰儿，烩鸭条儿，清拌鸭丝儿，黄心管儿，焖白鳝，焖黄鳝，豆豉鲇鱼，锅烧鲇鱼，炉皮甲鱼，锅烧鲤鱼，抓炒鲤鱼，软炸里脊，软炸鸡，什锦套肠，麻酥油卷儿，熘鲜蘑，熘鱼脯儿，熘鱼片儿，熘鱼肚儿，醋熘肉片儿，熘白蘑，烩三鲜，炒银鱼，烩鳗鱼，清蒸火腿，炒白虾，炝青蛤，炒面鱼，炝芦笋，芙蓉燕菜，炒肝尖儿，南炒肝关儿，油爆肚仁儿，汤爆肚领儿，炒金丝，烩银丝，糖熘饹炸儿，糖熘荸荠，蜜丝山药，拔丝鲜桃，熘南贝，炒南贝，烩鸭丝，烩散丹，清蒸鸡，黄焖鸡，大炒鸡，熘碎鸡，香酥鸡，炒鸡丁儿，熘鸡块儿，三鲜丁儿，八宝丁儿，清蒸玉兰片，炒虾仁儿，炒腰花儿，炒蹄筋儿，锅烧海参，锅烧白菜，炸海耳，浇田鸡，桂花翅子，清蒸翅子，炸飞禽，炸葱，炸排骨，烩鸡肠肚儿，烩南荠，盐水肘花儿，拌瓢子，炖吊子，锅烧猪蹄儿,烧鸳鸯,烧百合,烧苹果,酿果藕,酿江米,炒螃蟹,汆大甲,什锦葛仙米,石鱼,带鱼,黄花鱼,油泼肉,酱泼肉,红肉锅子,白肉锅子,菊花锅子,野鸡锅子,元宵锅子,杂面锅子,荸荠一品锅子,软炸飞禽,龙虎鸡蛋,猩唇,驼峰,鹿茸,熊掌,奶猪,奶鸭子,杠猪,挂炉羊,清蒸江瑶柱,糖熘鸡头米,拌鸡丝儿,拌肚丝儿,什锦豆腐,什锦丁儿,精虾,精蟹,精鱼,精熘鱼片儿,熘蟹肉,炒蟹肉,清拌蟹肉,蒸南瓜,酿倭瓜,炒丝瓜,焖冬瓜,焖鸡掌,焖鸭掌,焖笋,熘茭白,茄干儿晒卤肉,鸭羹,蟹肉羹,三鲜木樨汤,红丸子,白丸子,熘丸子,炸丸子,三鲜丸子,四喜丸子,汆丸子,葵花丸子,饹炸丸子,豆腐丸子,红炖肉,白炖肉,松肉,扣肉,烤肉,酱肉,荷叶卤,一品肉,樱桃肉,马牙肉,酱豆腐肉,坛子肉,罐儿肉,元宝肉,福禄肉,红肘子,白肘子,水晶肘子,蜜蜡肘子,烧炉肘子,扒肘条儿,蒸羊肉,烧羊肉,五香羊肉,酱羊肉,氽三样儿,爆三样儿,烧紫盖儿,炖鸭杂儿,熘白杂碎,三鲜鱼翅,栗子鸡,尖氽活鲤鱼,板鸭,筒子鸡。

11. 说北京

北京有天安门、地安门、和平门、宣武门、东便门、西便门、东直门、西直门、广安门、复兴门、阜成门、德胜门、安定门、朝阳门、建国门、崇文门、广渠门、永定门。主要繁华商业区有:天桥、珠市口、前门、大栅栏、王府井、东单、西单、东四、西四、鼓楼前,还有那北海、颐和园、天坛、动物园、陶然亭、紫竹院、中山公园、文化宫、香山碧云寺、西山八大处。看看周口店的古猿人、十三陵的地下宫殿、长城八达岭、密云大水库、故宫博物院。再看,雍和宫、白塔寺、清真寺、大钟寺,瞧瞧世界上最大的钟,净重42.5吨。再看所有罗汉都有位置,唯独济公没地方呆,在屋梁上趴着的罗汉堂。

12.十八愁

数九寒天冷风嗖,年年春打六九头,正月十五龙灯会,一对狮子滚绣球。三月三王母娘娘蟠桃会,孙悟空大闹天宫把仙桃偷。五月当五端阳节,白蛇许仙不到头。七月初七天河配,牛郎织女泪双流。八月十五云遮月,月里嫦娥犯忧愁。要说愁,净说愁,一气儿说上十八愁。虎也愁,狼也愁,象也愁,鹿也愁,羊也愁,牛也愁,骡子也愁,马也愁,猪愁,狗愁,鸭愁,鹅愁,蛤蟆愁,螃蟹愁,蛤蜊愁,乌龟愁,鱼愁虾愁各自有分由。虎愁不敢下高山,狼愁野心不改耍滑头,象愁鼻长皮又厚,鹿愁脑袋七叉八叉长犄角,羊愁从小长胡子,牛愁愁得犯牛轴,骡愁愁得一世休,马愁背鞍行千里,猪愁离不开臭水沟,狗愁改不了净吃屎,鸭子愁得扁了嘴,鹅愁脑袋上长个大额头,蛤蟆愁了一身脓疱疥,螃蟹愁得净横搂,蛤蜊愁得闭关自守,乌龟愁不敢出头,鱼愁出水不能够走,虾愁空枪乱扎没准头。

13. 黄山

朋友,您去过黄山吗?啊!没去过?哎呀那可太遗憾了!请听我向您作一个简单的介绍:

黄山在安徽省的南部,位于东经118度09分,北纬30度08分,环山一周120多公里,面积1000多平方公里。黄山自古就以雄伟挺秀闻名于世,山中有36大峰、36小峰,16泉24溪五海二湖,以及岩、洞、潭、瀑等名胜,并以松、石、云称为三奇,怪石、怪松、温泉、云海称为四绝。那黄山云海可真是一大奇观哪!有前海、后海、东海、西海和天海,所以黄山又称为黄海,观看云海有五处:文殊院的前海、清凉台的后海、东海门的东海、排云亭的西海、光明顶最高可以观看四面八方的云海。啊……还有那黄山奇松、黄山怪石、黄山温泉、黄山珍禽异兽、黄山名贵花木……哎呀,简直没有办法向您一一介绍、详细说明了,还是您亲自去观赏一下黄山的优美风景吧!

14.宇宙牌香烟

同志们,我是宇宙卷烟厂的,我想给大伙推荐一种新型香烟,就是这个"宇宙牌"香烟。您哪位抽烟?请大家品尝品尝。我们这个香烟哪,已经跨入全国先进行列了,我们的产品已经行销全国好多个大城市,括弧包括台湾。我们还准备冲出亚洲,打入国际市场。我们的宇宙牌香烟准备卖给:美国、日本、英国、印度、丹麦、瑞典、苏丹、叙利亚、瑞士、缅甸、挪威、德国、芬兰、荷兰、埃及、也门、肯尼亚、阿富汗、匈牙利、乌干达、索马里、法兰西、卢森堡、墨西哥、黎巴嫩、尼泊尔、赞比亚、科威特、摩洛哥、马耳他、卢旺达、牙买加、圭亚那、加拿大、几内亚、南斯拉夫、斯里兰卡、毛里求斯、圣马力诺、澳大利亚、坦桑尼亚、保加利亚、尼日利亚、阿尔巴尼亚、毛里塔尼亚……地图上有的我们全卖,人家买不买就是另外的问题啦!

宇宙,宇宙,香烟新秀,宇宙牌香烟物美价廉、老少咸宜、妇孺皆知、人人必备,宇宙香烟历史悠久、经验丰富、设备完善、技术一流,请您记住电报挂号:一推六二五;电话:不管三七二十一。

15.六十六岁的刘老六

在苏州,有一个六十六条胡同口,那儿住着一个六十六岁刘老六。他家有六十六座好高楼,在那楼上有六十六篓桂花油,篓上蒙着六十六匹绿绸绸,绸缎上绣着六十六个大绒球,楼底下钉着六十六根儿檀木轴儿,在那轴上拴着六十六条大青牛,牛旁边蹲着那六十六个大马猴。这个刘老六他坐在门口儿,正把牛头啃,打南来了这么两条狗。两条狗抢骨头,抢成仇,碰倒了六十六座好高楼,碰洒了六十六篓桂花油,油了那六十六匹绿绸缎,脏了那六十六个大绒球,拉躺下六十六根檀木轴儿,吓惊了六十六条大青牛,吓跑了六十六个大马猴。狗啃油篓篓油漏,狗不啃油篓,篓不漏油。

16. 姐妹二人去逛灯

正月里,正月正,姐妹二人去逛灯,大姐名叫粉红女,二姐名叫女粉红。粉红女身穿一件粉红袄,女粉红身穿一件袄粉红。粉红女怀抱一瓶粉红酒,女粉红怀抱一瓶酒粉红。姐妹找了个无人处,推杯换盏饮刘伶。女粉红喝了粉红女的粉红酒,粉红女喝了女粉红的酒粉红,粉红女喝了一个酩酊醉,女粉红喝了一个醉酩酊。女粉红揪着粉红女就打,粉红女揪着女粉红就拧。

女粉红撕了粉红女的粉红袄,粉红女就撕了女粉红的袄粉红。姐俩儿打罢搁下手,自个儿买线自个儿缝。女粉红买了一条粉红线,粉红女买了一条线粉红。粉红女是反缝缝粉红袄,女粉红缝反缝缝袄粉红。

17. 喇嘛和哑巴

打南边来了个喇嘛,手里提拉着五斤鳎目。打北边来了个哑巴,腰里别着个喇叭。南边提拉着鳎目的喇嘛要拿鳎目换北边别喇叭哑巴的喇叭。哑巴不愿意拿喇叭换喇嘛的鳎目,喇嘛非要换别喇叭哑巴的喇叭。喇嘛抡起鳎目抽了别喇叭哑巴一鳎目,哑巴摘下喇叭打了提拉着鳎目的喇嘛一喇叭。也不知是提拉着鳎目的喇嘛抽了别喇叭哑巴一鳎目,还是别喇叭哑巴打了提拉着鳎目的喇嘛一喇叭。

18. 莽撞人

后汉三国,有一位莽撞人。自从桃园

三结义以来,大哥,姓刘名备字玄德,家住大树楼桑;二弟,姓关名羽字云长,家住山西蒲州解梁县;三弟姓张名飞字翼德,家住涿州范阳郡;后续四弟,姓赵名云字子龙,家住真定府常山县,百战百胜,后称为常胜将军。只皆因,长坂坡前,一场鏖战,那赵云,单枪匹马,闯入曹营,砍倒大纛两杆,夺槊三条,马落陷坑,堪堪废命。曹孟德在山头之上见一穿白小将,白盔白甲白旗号,坐骑白龙马,手使亮银枪,实乃一员勇将。心想:我若收服此将,何愁大事不成!心中就有爱将之意,暗中有徐庶保护赵云,徐庶进得曹营,一语未发。今日一见赵将军马落陷坑,堪堪废命,口尊:"丞相莫非有爱将之意?"曹操言道:"正是。"徐庶言道:"何不收留此将!"曹操急忙传令:"令出山摇动,三军听分明,我要活赵云,不要死子龙。倘有一兵一将伤损赵将军之性命!八十三万人马,五十一员战将,与他一人抵命。"众将闻听,不敢前进,只有后退。赵云,一仗怀揣幼主;二仗常胜将军之特勇,杀了个七进七出,这才闯出重围。曹操一见这样勇将,焉能放走? 在后面紧紧追赶! 追至在当阳桥前,张飞赶到,高叫:"四弟不必惊慌,某家在此,料也无妨!"让过赵云的人马。曹操赶到,不见赵云,只见一黑脸大汉,立于桥上。曹操忙问身边夏侯惇:"这黑脸大汉,他是何人?"夏侯惇言道:"他乃张飞,一'莽撞人'。"曹操闻听,呀! 大吃一惊:"想当初关公在白马坡斩颜良之时,曾对某家言道:他有一结拜三弟,姓张名飞,字翼德,在百万军中,能取上将之首级,如探囊取物,反掌观纹一般。今日一见,果然英勇。撤去某家青罗伞盖,观一观那莽撞人的武艺如何?"青罗伞盖撤下,只见张飞:豹头环眼、面如润铁、黑中透亮、亮中透黑、颏(kē)下扎里扎煞一部黑钢髯,犹如钢针、恰似铁线。头戴镔铁盔、二龙斗宝,朱缨飘洒,上嵌八宝——云、罗、伞、盖、花、罐、鱼、长。身披锁子大叶连环甲,内衬皂罗袍,足蹬虎头战靴,跨下马——万里烟云兽,手使丈八蛇矛,站在桥头之上,咬牙切齿,捶胸愤恨,大骂:"曹操听真,咄!今有你家张三爷在此,尔或攻或战、或进或退、或争或斗;不攻不战、不进不退、不争不斗,尔乃匹夫之辈!"大喊一声,曹兵吓退;大喊二声,顺水横流;大喊三声,把当阳桥喝断。后人有诗赞之曰:"长坂坡前救赵云,吓退曹操百万军,姓张名飞字翼德,万古流芳莽撞人!"

19. 挡马

我是(数板)我是柳叶镇上一店家,招徕客人度生涯。南来的,北往的,说的都是番邦话。虽是虎狼之威不可怕,也只得假献殷勤伺候他。都只为,身在番邦心在家,无有腰牌把南朝下,眼前虽有千坛酒,心中仇恨难浇下。(诗)流落番邦有几秋,思念家乡终日愁。有朝一日南朝转,杀尽胡儿方罢休。(白)在下,焦光普,想当年随同杨家八虎,大闹幽州,咳! 不幸被胡儿所擒,将我绑在泥鳅殿前就要问斩,是我心生一计,站在殿前大笑三声。那萧后言道:"临死的孩子为何发笑哇?"是我言道:"大丈夫生而何患,死而何惧,可惜我一双好手!"那萧后又言道:"好手要它有何用啊?"我说:"好手好手,能造香醇美酒。"那萧后喜欢南朝美酒,闻听此言脸露笑容说:"孩子们,赏他五十两银子,叫他在柳叶镇上开一酒店。"咳! 是我久想逃回南朝,怎奈一无腰牌,二无路凭,好不愁闷人也……

20. 忠厚人

后汉三国有一位忠厚人,此人姓鲁,名肃,字子敬。只皆因刘备当阳大败,夏口屯兵。鲁肃同孔明过江东,舌战群儒,对周瑜念《铜雀台赋》,言说曹操下江东所为二乔,以乐晚景。气坏周公瑾,那周瑜才与曹操势不两立。阚泽下书,怒打黄盖,庞统献连环之计,周瑜用火攻。只皆因欠东风,周郎身染重病,南屏山借东风。周瑜密差丁奉、徐盛去杀孔明。赵子龙箭射篷绳,孔明才得活命。火烧战船,曹兵大败,荆襄九郡,俱为刘备占领。到后来屡讨荆州,刘备总是不还,竟自难为鲁子敬,那金圣叹老先生批三国说:"鲁子敬是一位忠厚人也。"

21. 小妇人

在想当初,唐朝,有一位胖美女,此人姓杨名玉环字太真,只因唐明皇之子寿王李瑁选妃,杨玉环被召入宫,寿王一见大喜,即刻纳为妃子。二人上殿面君,明皇一见玉环花容月貌,真乃闭月羞花沉鱼落雁,体态丰盈面容姣好,胜似后宫粉黛三千,暗想朕身为君主,富有天下,却无这样美貌的妃子,若得玉环侍寝,我愿足矣。回宫之后,明皇坐卧不宁神思不定,旁有高力士窥见,那高力士久在深宫,谙习万岁心思,心想我何不如此如此,必合万岁心意,忙问万岁,如此惆怅,莫非爱惜一人。明皇道,正是。力士嘿嘿笑道,普天之下莫非王土,吾皇爱惜一人一物,皆可纳入囊中,又何必惆怅。明皇叹道,爱卿有所不知,吾所爱者,关乎人伦,若强取之,岂不被天下耻笑。力士言道,万岁不必忧虑,某有一计,可遂万岁心愿。明皇忙问,何计。力士言道,岂不闻,明修栈道,暗度陈仓乎?明皇点头曰,好计,卿真有栋梁之材。次日明皇口称龙体有恙,唤王道姑扶乩。王道姑言道,万岁此乃早年杀戮太重,以致上天见罚,须得有一皇族替万岁出家,上天方可宽宥,明皇乃召寿王夫妻言道,须得玉环代朕出家,一可保寡人龙体康泰,二可见卿夫妻孝道,不容分说,命人与玉环换上道装,遣至道观出家。玉环出家三年,明皇暗与私通款曲,三年后,玉环还俗,明皇不许寿王接玉环回府,自将玉环带入宫中,从此夜夜笙歌,不理朝政,天下大乱,后来安禄山造反,无人抵挡,明皇仓皇逃窜,逃至马嵬坡,兵将哗变,逼死玉环。后人有诗叹之曰:玉环玉貌可倾城,明皇廉耻一旦空,禄山兵马压边界,一抔黄土葬娇容。

22. 小孩子

大宋朝文彦博,幼儿倒有灌穴浮球之智。司马温公,倒有破瓮救儿之谋。汉孔融,四岁让梨,懂得谦逊之礼。十三郎五岁朝天,唐刘晏七岁举翰林,汉黄香九岁温席奉亲。秦甘罗一十二岁身为宰相。吴周瑜七岁学文,九岁习武,一十三岁官拜水军都督,执掌六郡八十一州之兵权,施苦肉,献连环,祭东风,借雕翎,火烧战船,使曹操望风鼠窜,险些命丧江南。虽有卧龙、凤雏之相帮,那周瑜也算小孩子当中之魁首。

23. 酒鬼

想当初,杜康老祖造美酒,刘伶醉酒整三年;屈原饮酒,慨叹世人皆醉我独醒,济公长老酒肉穿肠过,佛祖心中留;八仙醉酒蓬莱,大闹东海龙宫,曹操青梅煮酒,论遍天下豪杰;关云长温酒斩华雄,苏东坡把酒问青天;鲁智深醉打山门,倒拔垂杨柳,武二郎拳打猛虎,大闹快活林;唐朝大诗人李白最爱饮酒,玄宗皇帝召进宫中封为太白学士。有渤海国进来蛮书蛮表,要与大唐兵戎相见,满朝文武无人能识,玄宗皇帝大惊失色。多亏李白酒醉上殿,叫高力士脱靴,杨贵妃研墨,这才醉草吓蛮书,保定大唐锦绣江山。杜甫有《饮中八仙歌》赞之曰:"李白斗酒诗百篇,长安市上酒家眠。

天子呼来不上船,自称臣是酒中仙。"

24. 问答赶辙

什么上山吱扭扭?什么下山乱点头?什么有头无有尾?什么有尾无有头?什么有腿家中坐?什么没腿游九州?赵州桥什么人修?玉石栏杆什么人留?什么骑驴桥上走?什么人推车轧了一道沟?什么人扛刀桥上站?什么人勒马看春秋?什么人白?什么人黑?什么人胡子一大堆?什么圆圆在天边?什么圆圆在眼前?什么圆圆长街卖?什么圆圆道两边?什么开花节节高?什么开花弯着腰?什么开花无人见?什么开花一嘴毛?什么鸟穿青又穿白?什么鸟穿出皂靴来?什么鸟身披十样锦?什么鸟身披麻布口袋?双扇门,单扇开,我破的闷儿自己猜。车子上山吱扭扭,瘸子下山乱点头。蛤蟆有头无有尾,蝎子有尾无有头。板凳有腿儿家中坐,小船没腿儿游九州。赵州桥,鲁班修,玉石栏杆儿圣人留。张果老骑驴桥上走,柴王推车轧了一道沟。周仓扛刀桥上站,关公勒马看春秋。罗成白,敬德黑,张飞胡子一大堆。月亮圆圆在天边,眼镜圆圆在眼前,烧饼圆圆长街卖,车轱辘圆圆道两边。芝麻开花节节高,棉花开花弯着腰,藤子开花无人见,玉米开花一嘴毛。喜鹊穿青又穿白,乌鸦穿出皂靴来,野鸡身披十样锦,鹨丽儿身披麻布口袋。

25. 百家姓

百家姓,姓百家,念错了,闹笑话。
念念看,差不差?查贾萨车柴沙夏。
彭朋庞潘包白皮,马麦梅莫牟茅墨。
方黄五汪万范花,房洪冯凤丰封翁。
傅胡吴伍邬武乌,仇周赵招曹寿邵。
张常蒋章尚商姜,廖楼吕卢陆刘鲁。
李赖雷林龙梁凌,牛年聂倪宁侬南。

高顾郭葛古柯戈,甘耿关管邝康孔。
陈郑沈程申岑曾,任饶荣戎融容阮。
翟赤祁齐薛戚季,何贺郝侯韩霍惠。
佟东童董仲钟庄,朱诸瞿褚祝储楚。
许徐舒苏宋孙随,史诗石师施池斯。
尹易应殷严言鄢,俞余袁游尤姚尧。
陶屠邰唐汤谭党,狄丁邓杜铁滕戴。

主要参考书目

张颂.播音创作基础[M].3版.北京:中国传媒大学出版社,2011.

吴弘毅.实用播音教程第1册——普通话语音和播音发声[M].北京:中国传媒大学出版社,2002.

吴洁茹,王璐.播音员主持人语音发声教程[M].北京:中国传媒大学出版社,2006.

付程.实用播音教程第2册——语言表达[M].北京:中国传媒大学出版社,2002.

赵秀环.播音主持艺术语言基本功训练教程[M].北京:中国传媒大学出版社,2008.

李新宇.播音创作基础训练教程[M].2版.北京:中国传媒大学出版社,2016.

高蕴英.教你播新闻[M].北京:中国广播电视出

版社,2005.

张涵.播音主持语音发声训练教程[M].2版.北京:中国传媒大学出版社,2011.

赵俐,李昕.实用口语表达与播音主持[M].北京:中国传媒大学出版社,2009.

王克瑞,杜丽华.播音员主持人训练手册:绕口令[M].北京:中国广播电视出版社,2012.

罗莉.文艺作品演播教程[M].北京:北京大学出版社,2007.

后 记

播音主持是实践性非常强的学科,对于大多数人来说,理解专业基础知识并不难,难在如何通过科学高效的练习将它们熟练运用到具体的播音主持工作中。这套"播音主持基本功训练掌中宝"丛书,以中国播音学系统理论及专业架构为导向,参考相关专业教材、教学内容编写,融知识与方法于一体,练习材料经典与现代相结合,难易程度各有侧重。

为方便大家携带,本书特别制作成"掌中宝"的形式。本书既可用于日常练习,又适用于同步提高。在播音主持众多专业书籍中,本书如同一碟开胃小菜,虽微不足道,却脆爽可口。

本书从策划构思到付梓,中国传媒大学出版社赵欣老师从专业及出版两方面给予悉心指导,在此表示由衷的谢意。责任编辑张笛核实了每一篇训练稿件,核对了每一个读音,感谢她所做的认真细致的编校工作。同时感谢胡鸿飞、何佳、吕林等同学在组稿、校对中投入的大量时间与精力。

在本书的使用过程中,敬请大家多多批评指正(作者新浪微博:@李-俊文,@肖云际cn),以利我们不断提高。

李俊文　肖云际

2015年3月

图书在版编目(CIP)数据

播音主持艺术基本功训练掌中宝:语音·发声·表达/李俊文,肖云际编著. -- 2版. -- 北京:中国传媒大学出版社,2020.10
ISBN 978-7-5657-2783-2

Ⅰ.①播… Ⅱ.①李… ②肖… Ⅲ.①播音—语言艺术 ②主持人—语言艺术 Ⅳ.①G222.2

中国版本图书馆CIP数据核字(2020)第182119号

播音主持艺术基本功训练掌中宝:语音·发声·表达(第二版)

BOYIN ZHUCHI YISHU JIBENGONG XUNLIAN ZHANGZHONGBAO:
YUYIN · FASHENG · BIAODA(DI-ER BAN)

编　　著	李俊文　肖云际
策划编辑	赵　欣
责任编辑	张　笛　赵　欣
责任印制	阳金洲
封面设计	拓美设计
出版发行	中国传媒大学出版社
社　　址	北京市朝阳区定福庄东街1号　邮　编　100024
电　　话	86-10-65450528　65450532　传　真　65779405
网　　址	http://cucp.cuc.edu.cn
经　　销	全国新华书店
印　　刷	北京玺诚印务有限公司
开　　本	850mm×1168mm　1/64
印　　张	5.75
字　　数	130千字
版　　次	2020年10月第2版
印　　次	2020年10月第1次印刷
书　　号	ISBN 978-7-5657-2783-2/G · 2783　定　价　28.00元

本社法律顾问:北京李伟斌律师事务所　郭建平
版权所有　翻印必究　印装错误　负责调换